The Financial Mindset Fix

讓錢自動滾進來的

致筆富記

美國心理諮商界第一把交椅

喬伊絲·瑪特
Joyce Marter

$ $ $ $ $ $ $ $ $ $ $ $

推薦序

《老娘有錢》製作人｜Renee

大家都說「你不理財，財不理你」，但怎樣才是理財呢？是報名投資講座嗎？學習研讀財報嗎？還是每天持續記帳呢？

這些方法都必定能有效地增加我們的財務知識，但不一定能增加我們的財富。我相信你身邊一定有人說過「該上的課我都上過了，該看的書我都看過了，該做的作業我都做過了，但我的錢沒有增加，日子沒有比較好過。」

這時候可能還有一些心靈導師會在旁邊說：「不要追錢，追錢不會讓你的人生更幸福、更圓滿。」

我很會賺錢，後來學著「愛自己」，也很會花錢。有時擔心自己這樣不能長久，也想著要進行投資，看透時局和趨勢。各種矛盾的理財觀念有時讓人很茫然、有時讓人覺得很鴕鳥。愈是想參透財富的道理，愈是不得其門而入。這些過程我都走過，這些感受我都經歷過，我懂那種挫折和無力。

後來疫情爆發了，我的收入瞬間歸零。在我最焦慮的時候，我開始了豐盛冥想。漸漸地，在二十一天的練習中，我明白豐盛的狀態不靠辛勞工作、捨本逐利或審時度勢，而在於豐盛的

心態。思考致富是真的、心態致富也是真的。我在疫情元年，用十個月（其中包括收入歸零的三個月）做到了疫情前的全年度營業額，也在疫情期間出國工作、翻修舊屋、帶孩子和媽媽到美國遊學一整個夏天。豐盛讓金錢為我創造了我想要的生活。

《致富筆記》裡有十二把開啟財富大門的鑰匙，每一道門打開之後都有取之不盡用之不竭的智慧和資源。回到這篇文章開頭所說的「你不理財，財不理你」，那到底要怎麼理呢？我做了第一項練習，將我的財務擬人化，然後我發現，在理解豐盛之前，我的財務就像慾望城市裡的凱莉。她把自己打理得很好，靠實力受邀出入各種社交場合，不是自己打腫臉充胖子或是寄生上流，但骨子裡知道自己口袋不深、底子不厚。當時的生活讓她充滿動力與憧憬但也心虛。

財務一旦化為人形之後，溝通就容易了，我們開始互相理解對方，我讓凱莉知道我的目標和願景，凱莉讓我知道我過去曾經如何虧待她，未來該如何善待她。這是一本協助你和財務進行對話、研擬策略的書，作者是心理師，輔導過許多豐盛和很匱乏的人。書中的真實案例可以讓你看著成功的人闖開寬敞的路徑，邀你走過去；也讓你看到失敗的人留下跌倒的軌跡，提醒你不必重蹈他們的覆轍。

歡迎你收藏這十二把鑰匙，我們和作者在門後相見吧！

國外書評媒體一致盛讚

「喬伊絲・瑪特的著作，對所有人來說，都是天大的恩賜。這本書表面上探討我們與金錢的關係，其實是在探討我們和自己的關係。喬伊絲巧妙地整合科學研究、臨床經驗、個人敘事和真實案例。有了如此強大的工具，我們再也不會『光說不練』。這本書既實用又睿智，值得擁有！」

亞歷山卓・所羅門（Alexandra H. Solomon）博士
西北大學教授、西北大學家庭研究所臨床心理師
《勇敢的愛》（*Loving Bravely*）和《找回性感》（*Taking Sexy Back*）作者

「喬伊絲的語氣平靜，可以安定人心，給人力量。書中每一頁內容，都在見證她如何幫助個案，穿越個人財務的地雷區。這本好書不僅教人致富，也教人創造圓滿富饒的人生，活得豐盛，活出無限可能。大家非讀不可！」

約翰・達菲（John Duffy）
心理學博士、臨床心理師
《青少年教養聖經》（*Parenting the New Teen in the Age of Anxiety*）作者

「喬伊絲・瑪特提供實用的工具，來改變我們對金錢的心態。讀完這本書，你會逐步實現財務目標。」

夏琳・沃爾特斯（Charlene Walters）
工商管理碩士、博士
《釋放你內在的創業家》（*Launch Your Inner Entrepreneur*）作者

「金錢是有故事的,只可惜這個故事,經常事與願違。你準備好了嗎?從今天開始,有意識的使用金錢。這本書會幫助你改寫金錢的故事。」

賽斯・高汀(Seth Godin)
《重點不是創意:賽斯・高汀的實踐心法》作者

「如果你希望個人生活和職場人生更幸福,這本書非讀不可!睿智的喬伊絲,看出了心理健康和財富的關聯,這確實是一大突破。我一直在探索女性自我以及女性對金錢的獨有感受,多虧了喬伊絲,我做出一些改變,而且有立竿見影的效果。我專門開設演講課和媒體課,深知自信、自我價值感跟財富的關聯,我會向每一位學生推薦這本書。」

凱薩琳・楊納捷克(Kathryn Janicek)
艾美獎三度獲獎者
專業演講和媒體訓練師

「這本書太妙了!專業的心理治療師喬伊絲・瑪特,一路握著你的手,帶領你邁向心理健康,以及豐盛的財務生活。她提出十二個特別的致富心態,會顛覆你跟金錢的關係,大幅改變你的自我觀感。處處是洞見,值得一讀!」

小史蒂芬・柯維(Stephen M.R. Covey)
暢銷書《高效信任力》作者

「哇！我第一次看到如此強大、慈悲、有趣的書！我喜愛這本書收錄的療程，每一個心理保健和理財練習都很實用，同時兼具理論知識。下次我再開實驗課程或帶實習課程，一定會要求學生閱讀。這本書太厲害了，讀完滿心歡喜！」

山卓・卡卡切克（Sandra L. Kakacek）
教育博士、臨床心理諮商師
阿德勒大學臨床心理健康諮商專案

「太美妙了！每個人都應該買一本。喬伊絲大步向前，結合了心理靈性保健法和十二種致富心態，可以療癒和加強我們跟金錢的關係。我自己讀過關於財富豐盛的書籍，從來沒有一本書這麼的全面。喬伊斯提供讀者強大的後盾，一路引導讀者做自我評估練習。這些自我練習究竟跟財富有何關係呢？大有關聯！喬伊絲認為，無論是我們的感受和自我觀感，或是我們把生活過好的能力，都跟這十二個致富心態密切相關。這本書還有一個大優點！喬伊絲也會教大家化解內在的阻礙，順利活出應得的豐盛生活。」

瑪麗亞・尼梅斯（Maria Nemeth）博士
臨床心理師、Academy for Coaching Excellence 創辦人

　「喬伊絲・瑪特強調整體的健全，以諮商師的手法，紓解財務不穩定的壓力。書中的工具和技法都有實證背書，有很多專業諮商師在使用，一步步引導大家改變信念，邁向整體成功的目標，不僅荷包滿滿，心理也要健康！她認為，做你喜愛的事，對世界有所貢獻，成功就會等著你！」

　「我過去三十年，不僅是創業家，也是職涯教練，幫助無數的個案達成目標，所以我看了喬伊絲的書很有共鳴。這本書淺顯易懂，後勁無窮，喬伊絲對諮商界一直有重大貢獻。這是一本發人深省，改變人生的書！」

蘇・普雷斯曼（Sue Pressman）博士
專業諮商師、美國諮商協會前主席（2020～2021）

　「心理健康和財富的加乘效果很驚人，換句話說，如果心理不健康，一天到晚做發財夢，也只是癡心妄想罷了。喬伊絲・瑪特真厲害，她淺顯易懂的解說以及簡單易行的工具，讓每個人都能夠實現心理健康。這本書還分享了真實案例，證明心理健康對生活、事業和財務都有幫助。她甚至大方分享，她在追求財富的路上如何跌跌撞撞，最終成為一位成功的創業家。」

麥克・阿迪卡里（Mike Adhikari）
工商管理碩士、購併顧問

「這本書介紹真正會致富的心態。這是全方位的財務健全指南，尤其是探討韌性那個章節。人生中，難免會面臨財務危機，喬伊絲教大家如何面對和克服這些阻礙。」

史賓賽・雪曼（Spencer Sherman）
Abacus Wealth Partners 創辦人兼顧問
《結束金錢風暴：打破壞習慣，擺脫財務壓力》
（*The Cure for Money Madness: Break YourBad Money Habits, Live Without Financial Stress—and Make More Money!*）作者

「我還沒閱讀這本書之前，花大把時間在工作，甚至把心理健康都賠進去了。這本書讓我明白了，如果要實現致富的夢想，一定要先改善心理健康。我開始做心理健康運動，觀想更豐盛的人生，並且採取行動。不久後，我把閱讀和寫作的興趣化為事業，指導無數作家寫出更棒的書。現在的我，在追求致富夢想的路上，不僅積極有活力，而且韌性強，滿懷自信。」

西蒙・戈登（Simon Golden）博士
編輯、寫作教練、研究人員

「世上有很多夢想尚未實現，是因為當事人自認資金不足，或者更糟糕的是：不相信自己會擁有豐盛的財富。這本書向大家證明，如果對金錢抱持負面的想法，只會害自己原地踏步，喬伊斯提供實用的工具，幫助大家清理負面思考。這本好書會為你開路，你終究會實現夢想的人生。」

查理・吉爾基（Charlie Gilkey）
獲獎書籍《有始有終》（*Start Finishing*）作者

目錄 Contents

41種自我豐盛練習

養成致富心態的問答題，將你的答案寫在致富筆記本上，邁向豐盛之路。

11個財務健全大補帖

讓你面對金錢恐懼與執念，
並給你照顧好財務的實質建議。

緬懷我的母親瑪德蓮・塔夫・布里克曼（Madelyn Taff Brinkman），

她畢生研究心理學和靈性成長。

緬懷我的父親羅伯特・詹姆斯・布里克曼（Robert James Brinkman），

他是成功的企業主管，專業的投資人。

謝謝父母給我的愛和支持，

我從你們身上學到了健康的致富心態。

「我是理財規劃師，而非精神科醫師，但是我知道，
一個人要有自我價值感，才能夠接納自己所擁有的一切，
如此一來，財富淨值才會增加。」
蘇西‧歐曼（*Suze Orman*），
著有十本關於理財的《紐約時報》暢銷書

序言

醒醒吧！你應該過更好的生活

「你一直在追尋的東西，其實也在找你。」

魯米（*Rumi*），十三世紀的詩人，蘇菲神祕主義者，神學家

　　我在西北大學攻讀心理研究所那些年，一直提心弔膽，我深怕教授會發現我有焦慮症，根本沒資格當心理師，但這是我的夢想。我讀了心理學教科書，聆聽有關心理健康、成癮和人際關係的講座，我更認識自己，還有我的家庭。我默默感到遺憾，期許自己有一天，可以振作起來。

　　幸好我的老師認為，這就是人類的常態，**每個人**都有心理問題，所以老師會鼓勵學生去諮商。既然醫護人員不一定有一百分的身體，心理師也不是非要有一百分的心理（鬆了一口氣！）但心理師仍要盡可能維護心理健康，作為其他人的典範和導師。

　　我一邊接受心理治療，一邊在臨床累積經驗，拓展了眼界，我開始會使用心理學的語言和視角，來看待自己、人際關係、人生和周圍世界。我學會放寬心，換個角度看焦慮症，認清先天和後天的因素，練習善待自己。我學習管控壓力和焦慮，跨越舒適圈，活出更美好的自己。沒有人是完美的，我當然還有進

步的空間，但我現在的生活，已經比我原本想像的更豐盛了，我希望你也做得到！

　　你也想過富足的生活嗎？內在平靜，支持滿滿，財務健全。有這種期望，卻過不了這種生活，你知道是為什麼嗎？因為你不知道有更好的選擇，只好不斷重現你熟悉的情境。我是過來人，我還沒解放自己，擺脫自我限制之前，也是有好多年的時間，始終走不出來。為了節省你寶貴的時間，讓你免走冤枉路，我會分享二十多年來，我做心理師累積的心得，還有我創業的經歷，以及我澈底改造自我、締造成功人生和財務的經驗。

意外的收穫

　　二十多年來，我遇過千奇百怪的個案，最後，我發現只要個案在治療的過程中肯努力，就會有意外的收穫。如果個案有進步，就會有好事發生，例如加薪、升遷、創業成功、財務改善。為什麼呢？治療中，無論要處理什麼議題，一定要當事人自動自發，坦然面對內在的自我價值感或者認定自我價值。當個案提升自我價值感，財務狀況會跟著變好。為什麼呢？因為比以前更有信心和力量，更懂得肯定自己和照顧自己。

　　知名作家蘇西・歐曼是理財顧問，她也注意到這個關連，她說過：「唯有培養健全的自我價值感，才能夠長期維持穩定的資產淨值。[1]」可是，歐曼特別提醒大家，這是一條單行道，資產

淨值高，並不保證自我價值感也會提升！科學家也觀察到了，心理健康大致可預測未來的財富，但擁有物質財富，心理不一定會健康[2]。我當心理師也看到類似的**趨勢**，於是透過個人教練課、企管顧問、企業培訓和公開演講，不斷跟大家宣導。理財顧問專攻理財，而我身為心理師，可以幫助人運用心理技巧，提升自我價值感和情商，終而累積財富，維持工作和生活的平衡。

有趣的是，理財這回事，並非火箭科學，不僅僅是設定預算、量入為出、開設存款帳戶、按時還債、規劃未來而已。**財務捉襟見肘，其實是因為心理出問題**。知名廣播主持人兼作家戴夫・拉姆齊（Dave Ramsey）認為，健全的財務有 20％靠財經知識，有 80％靠個人行為[3]。一個財務健全的人，有能力管理好自己。等到你開始執行這本書的致富心態養成計畫，**你會發現自己的想法、感受、態度、自我照顧、目標、動機和支持，都會直接影響財務，尤其是愛自己的行為，對財務的影響最大。**

我剛出社會的時候，只有 500 美元可以做投資，還背了 5 萬美元的學貸。大女兒兩歲的時候，我硬著頭皮創立了諮商事業「安美城心」（Urban Balance），後來周轉不靈，拿我家房子做擔保，差一點就要宣告破產。我犯過無數的錯誤（後面幾章會聊到），從中學到痛苦卻寶貴的教訓，例如「小我」（ego）有一些面向，對我其實是有害的，而且我應該建立更完整的支持系統。我花很多心力去改善我自己，還有我跟金錢的關係，接受有

能之士的協助，終於扭轉乾坤，創業十三年之後，我以七百萬美元的價格出售「安美城心」，再把這筆錢投資母公司「更心」（Refresh Mental Health），利潤節節攀升。

「安美城心」換了新東家，成長的幅度超乎我的想像，創造了數百個工作機會，造福好幾個州，每年服務上萬名病患，為心理師提供實習機會，甚至針對清寒人士推出優惠公益方案。

養成致富心態，從整合的觀點出發，重新看待成功

我真的很幸運，可以從個案和我自己的經驗，去學習心理健康和金錢心理學，我從中發現放諸四海皆準的真理，還有十二個重要的致富心態，只要付諸實行，絕對會改善心理健康、人際關係和財務狀況。

過去十年來，我到全國各地演講，一再分享這些觀念，聽眾的反應出奇的好。有人說，演講內容發人深省、給人力量，甚至改變人生。他們都覺悟了，如果想過真正豐盛的人生，一定要兼顧心理健康和財務健全，兩者皆不可偏廢。從現在開始，你也可以培養這種整合的心態，在你自己的家裡，執行致富心態養成計畫，實現幸福豐盛的人生。

心理問題一直以來都非常流行，一九九〇年代末期，在美國由於鴉片類藥物太過於氾濫，無論是物質濫用和心理健康問題，都越來越嚴重。二〇〇七年底經濟大蕭條，引爆嚴重的金融

危機，心理問題更猖獗了。除了這些歷史共業，還有一個害大家生病的原因，正是過度忙碌。拜科技所賜，新聞資訊和工作一直在轟炸人們，以致我們跟自己疏離，跟他人疏離。我們的文化以成就為導向，以消費者為主，老是灌輸大家有錢就會幸福。於是，每個人都從小我出發，爭強鬥狠，最後，無論是家庭或職場，都忘了怎麼深度連結和合作。結果呢？心理疾病和成癮的人變多了，真令人憂心，這對於個人、社群和全球都很勞民傷財。

相關數據顯示：

- 73％美國人正在承受壓力所造成的心理症狀，48％美國人感覺近五年的壓力變大了[4]。

- 二〇一八年美國大約有 2,030 萬人濫用物質，其中 1,480 萬人有酗酒問題，810 萬人非法用藥[5]。

- 根據美國精神疾病聯盟的資料，平均每五個美國人就有一個人（將近 4,400 萬人）罹患心理疾病，46.4％美國人一生中罹患過心理疾病[6]。

- 自殺率暴增到三十年來新高，全球每年有超過 80 萬人自殺，這數字還不包括未通報的黑數[7]。自殺在美國主要死因之中排名十二[8]。

- 有心理疾病的美國人之中，二〇一八年僅有不到半數接受治療，從發病之初到治療之間，竟然延誤了十一年[9]。

　　二〇二〇年心理疾病開始在全球大流行。心理疾病已經夠普遍了，再加上新冠肺炎疫情來襲，全球瞬間爆發了心理健康和金融危機。經濟衰退，失業率攀升，延長了財務壓力、恐慌和恐懼。政府強制封城和保持社交距離，讓大家備感孤立，頓時喪失與親友的面對面接觸等社會支持。就連日常活動也停擺了，如上學、上班、做禮拜、上健身房、去購物或和朋友見面。大家都開始覺得「疫情傷身又傷心」。

　　我寫這本書的時候，查到下列資料（這數字還會持續更動）：

- 研究顯示，美國因為疫情，「絕望死」（可能是死於酗酒、濫用藥物或自殺）的人數暴增至 154,037 人[10]。二〇二〇年六月，十八至二十四歲的美國人，每四個就有一個認真想過要自殺[11]。

- 疫情期間，焦慮症和憂鬱症的人數也暴增了。以土耳其為例，23.6％土耳其人感受到憂鬱，45.1％土耳其人感受到焦慮[12]。

- 疫情期間，創傷後壓力症候群（Post-traumatic stress disorder，PTSD）的人數增加了；突尼西亞有一個社區，一般民眾竟高達 33％都罹患過 PTSD。看太多疫情的新聞或者得知某人染疫、死亡或葬禮的消息，也是跟罹患 PTSD 呈現正相關[13]。

- 疫情期間，強迫症（Obsessive-Compulsive Disorder，OCD）的比率也升高了；義大利剛封城六週，強迫症的嚴重程度就大

幅上升 [14]。

- 疫情期間，大家待在家裡，因為失業、經濟焦慮和人身孤立，全球家庭暴力的案件增加了。聯合國人口基金會（United Nations Population Fund）估計，每封城三個月，性別暴力就多了 1,500 萬件 [15]。

我們從疫情學到寶貴的教訓，再次證明心理健康和財務健全是有關係的。心理健康沒照顧好，可能會犧牲掉人際關係、工作和人生。美國有 16％的自殺案件是財務危機所致。財務危機爆發後，人生滿意度會降低，心情感到更加的高壓、焦慮和憂鬱 [16]。

由此可見，**我們對成功的定義不可以太狹隘，應該把身心健康、人際關係和工作生活平衡都納入考量，而不只是賺大錢**。現在該是放寬心，停止責備的時候了。認真想一想，全球事件和你個人獨特的生命經驗，對你的情緒和財務造成什麼影響。從現在開始，最好執行一些計畫，為自己做好準備，這樣就算面對挑戰，也會鼓起勇氣重新爬起來，創造永續的成功。

錢不是主角！我們要追求的是財務健全和人生幸福

這本書倡導致富，不只是為了自己好，也是為了別人好，所以我不是在助長貪婪、物質過剩、浪費或嗜錢如命。當我們懷著慈悲心（不造成傷害），去賺取或管理金錢，反而會變得更慷慨

利他，刺激正向的改變。我們會善用財富來照顧自己、別人和周圍的世界；「愛」才是人生真正的貨幣。

活出精彩的人生，發揮自己獨一無二的天賦，來滿足世界的需求，就可以逐漸養成致富心態。當我們盡情表達自我，盡最大的努力造福世界，不僅會安然度過財務風暴，還會有滿滿的金錢報酬。

關於致富心態養成計畫

這是全方位的計畫，可以改善你在金錢方面的心態，轉化你的思考、感受和行為，讓你隨心所欲，實現應得的成功。每一章分別鎖定一種致富心態，一旦你養成了，個人幸福和財務健全都會改善，這可是有實證研究支持的。這套養成計畫收錄了練習題和實用工具，為你奠定成功的基礎。

以下概述各章的致富心態，以及養成致富心態後對心理和財務有什麼影響。

第一章：豐盛

探索你的金錢心理，承認你的價值，拓展你的思考，把豐盛帶進人生中。改變看事情的觀點，從匱乏心態轉為豐盛心態，唯有如此才可能迎向更廣闊、更有信心和富足的人生。

第二章：覺察

你是不是在防備和否認呢？別再盲目了！心理健康確實會影響財務健全，你要認清這一點。覺醒吧！去覺察你不經意常犯的錯誤，選擇一條更富足的道路。

第三章：責任

現在你知道有哪些情緒和行為在限制你，不妨透過負起個人責任和寬恕，慢慢釋放掉憤懣和怒氣，讓你有能力去改寫下半生的故事，掌握你未來的財務狀態。

第四章：活在當下

讓自己活在當下，加深自我覺察，享受此時此刻獨有的豐盛。把正念的練習帶入財務生活中，每一項決定，都要在平靜、穩定、清楚的狀態下完成。

第五章：本體

活在當下，可以連結內在光芒和高我，猛然驚覺小我一直在妨礙你，害你始終無法滿足和幸福。檢驗你的自尊心是否健全。依據你個人的核心價值，平衡工作和生活，如此一來，人生或事業都會一飛沖天。

第六章：愛自己

現在你跟自己的連結更深了，發現你與生俱來的美好，深信

你值得過富足的生活。你不會再扯自己後腿,而會成為自己的慈母、正向教練和溫柔的擁護者。投資你自己,給自己滿滿的愛,好好照顧自己,你會有更多餘裕去付出。

第七章:願景

從外在生活就看得出來,你有多愛你自己。寫一句座右銘,訴說你靈魂的使命。假設你有一根魔法棒,你想做什麼事情呢?以天馬行空的想像,重新規劃人生。真正永久的成功,有賴工作和生活的平衡,為全宇宙創造多贏。

第八章:支持

為了實現願景,一定要建立並善用支持網絡,穿越內疚、羞恥和恐懼等障礙,敞開你的心胸,接受別人的支持。清除對你有害的關係,結交為你加分的朋友,你對這個世界的貢獻會更大。

第九章:慈悲心

有一顆善良的心,展現同理、關愛和善意,你的人生會獲得更多的支持、忠誠守護和真正的富足。想一想,你的心有多寬大呢?你有多會鼓勵別人呢?你是不是慷慨的人,努力讓愛傳出去呢?當你這樣做,會獲得更多的回報。

第十章：超脫

心無旁騖，維持正能量，從內心小劇場和負能量抽離，擺脫恐懼、不安和懷疑，就會度過難關，繼續實現你期望的生活和財務。

第十一章：正向思考

你的心很完美，誰都阻擋不了你！帶著你由衷的熱情，還有無比的樂觀，盡情在這個世界闖蕩吧。每日練習感恩，迎接更多的豐盛，稻草也可以變成黃金。發揮創意，主動採取行動，為自己爭取更美好的生活。

第十二章：韌性

你會明白，進步不一定是線性的過程，逆境反而會製造機會。培養韌性，有助於你度過難關，然後變得更堅強、更柔軟、更有適應力。把你在這個計畫學到的一切，全部整合起來，你絕對會好好活著，享受富足人生，堅持不懈。

結論：致富心態的人生智慧

把你學到的技巧，全部派上用場，實現富足的人生，讓自己過得更幸福，財務更健全。

誰適合致富心態養成計畫？

致富心態養成計畫對下列這些人有幫助：

- 想改善財務生活的人，例如入不敷出，或者希望自己更富足一點的人。
- 想改善心理健康，過得更幸福的人。
- 企業領袖和專業人士：想運用新工具來提升情緒智商、人際技巧和領袖能力。
- 創業家、大老闆、自營業者：想維持工作和生活的平衡，改善公司盈虧。
- 商管諮詢師和顧問：想幫助客戶成功。
- 企業團隊：想改善溝通和合作，進而刺激銷售。
- 企業：想提供員工保健方案，以減少員工的工作壓力、缺勤次數、醫療成本，同時提高員工的生產力，留住好員工。
- 運動員和創意工作者：想改善專業表現，追求事業成功。
- 照護人員：想避免過勞，追求財富。
- 心理師和個人教練：想尋求適合自己和個案的教材和練習。
- 學校社工、輔導員和老師：善用這份教材，為學生培養人生重要技能，打造適合的心理課程。

我們在人生不同的階段，也許會有需要做心理治療或諮商的時候。如果你沒做過心理治療，或者目前沒有在做治療，致富心

態養成計畫仍對你有益。如果你正在做心理治療，致富心態養成計畫會提升療效。如果你沒有做心理治療的打算，致富心態養成計畫就宛如維他命，可以強化心理健康的免疫系統。雖然這本書並無法取代正規的心理療程，但不妨把致富心態養成計畫，看成一套有致富效果的健心法。

各章編排

　　每一章會探討一種致富心態，跟大家解釋清楚，為什麼這些心態可以改善心理健康和財務健全。各章的開頭，先分享我個人的故事，說明致富心態如何幫我度過難關；拋磚引玉的方式，是想要鼓勵大家一起改變心態，幫助自己。我也會分享個案的勵志故事，為了保密起見，這些故事會結合好幾位個案的親身經歷，盡量消除可辨識的元素。看完故事後，你會覺得不是只有你一個人孤軍奮戰，不是只有你一個人在養成致富心態！

　　為了幫助你實踐，每一章都有收錄練習，方便你應用於生活以及工作中，其中許多練習是心理師常用的工具，源自有實證支持的治療途徑，例如認知行為治療（Cognitive Behavioral Therapy，CBT）、自體心理學、敘事治療等。我的最愛莫過於「治療小站」，想像你自己正要來我的辦公室，接受心理治療或教練課程。我會詢問你特定的問題，鼓勵你自我反思和覺察。這當然不是真的在做心理治療，但你會深入了解自己，知道你該做

哪些改變，改善心理健康和財務健全。這些練習要慢慢做，不要著急。

　　每一章都有收錄自我評估表，堪稱一大創舉，發人深省。自我評估表可以評估你目前的心態，審核當下的狀態，幫助你邁向富足之路。我在演講或工作坊的時候，大家剛開始做自我評估表，通常會有一點抗拒，但過了幾分鐘，學員就會逐漸掌握技巧，冒出一些不可思議的想法，覺得意猶未盡。就我長期的觀察，學員的最愛正是自我評估表，所以我在致富心態養成計畫中，決定把自我評估表當成主軸。這本書總共有十五個不同的自我評估表，序言這裡就有一個，待會再來介紹。

　　我沒想到就連專業心理師做了自我評估表，也有很多意想不到的發現呢！這就好像站上體重計，被自己變輕的體重嚇到。我們平常不太會認真評估自己的心理健康和財務健全，一不小心就忽略了，但還好有致富心態養成計畫以及自我評估表，絕對會逆轉這個現象。做心理治療要絕對坦誠，做自我評估表也是一樣。承認自己的缺陷並不容易，甚至有一點痛苦。可是，你越是坦誠，越會從致富心態養成計畫中獲益。如果你發現自己某個心態需要修正，一整個放心不下，不妨先放輕鬆。養成致富心態，就宛如鍛鍊身體肌肉，改善體適能，只要乖乖執行計畫，人生絕對會有大改變。

　　我從工作坊觀察到一件事，如果大家做完自我評估表，另

外找機會跟另一半或小團體分享，往往會獲得更多的想法和靈感。因此，鼓勵大家與另一半、朋友或讀書會一起做自我評估表。做自我評估表，可以督促你進步；養成十二個致富心態，會讓你保持健康；接受他人的支持，會進步得更快。

這本書的各種練習，不斷提醒大家要做筆記。筆記有很多種寫法，全書的英文版練習都收錄在「financialmindsetfix.com/exercise」這個網頁，可以在網路上做練習。我建議把練習結果存成數位檔，存在「致富心態養成計畫」專屬的資料夾。如果你偏好紙本和手寫，那就使用本書附贈的致富筆記本。每次寫筆記和做練習，一定要記得標註日期，每隔一段時間就回顧一下，追蹤你進步了多少！

自我評估表的操作方法

自我評估表是一套自我評估工具，顯示你在特定領域的強項和弱項。不要太在意分數，大家都還在進步中！當你開始執行致富心態養成計畫，會需要一直做自我評估表，如果忘了怎麼做，可以隨時回來複習。自我評估表很簡單，只要你做過一次，就會變得很厲害！如果你還在學習，也不要氣餒，因為你還是有在進步呀！別忘了，我們要追求的是進步，不是完美。

每一個自我評估表都是從回答問題開始。把所有問題讀過一遍，為你自己評分：不佳（1～3）、尚可（4～5）、良好（6～

7）、極優（8～10）。自我評估練習圖上有好幾根輻條，看起來就像腳踏車輪的輻條。你必須把練習題的答案填寫在輪子上，先找到特定問題所屬的輻條，依照你給自己的評分，在輻條上標示出來。假設你給自己打 3 分，那就在輻條刻度 3 的地方做記號。等到每根輻條都做好記號了，把這些小點連成一個圈。我特別提醒大家，分數越高的點，越靠近輪框的外圍；分數越低的點，越靠近輪框的中心。我們可以先參考「財務健全自我評估練習示範」的範例圖，你就會有概念了。

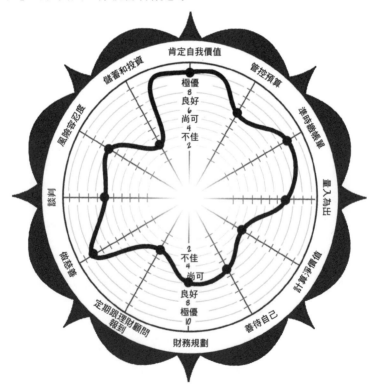

財務健全自我評估練習示範

　　自我評估練習圖上有「凹陷」的地方，表示這個領域的分數比較低。以這個範例來說，這個人的「儲蓄和投資」比較弱，評分比較低，而「做慈善」的分數比較高。既然你已經開始執行致富心態養成計畫，就有機會去改善這些凹陷，也就是你不足的地方。

　　先來確認一下你目前的理財狀況，完成「財務健全自我評估練習」。你執行致富心態養成計畫之後，會從各個層面下手，持續改善財務健全，所以等到你看完這本書，再做一次「財務健全自我評估練習」，確認你進步了多少！我知道你想跳過這個練習，但千萬不要！因為你很重要，你的財務健全也很重要。我相信你會好好做練習的！

自我評估表（20分鐘）
財務健全

日期：＿＿＿＿＿＿＿＿＿

依照下列評分標準，在每個問題的空格，填入你的自評分數：

不佳（1～3）、尚可（4～5）、良好（6～7）、極優（8～10）

不良			尚可		良好		極優		
1	**2**	**3**	**4**	**5**	**6**	**7**	**8**	**9**	**10**

肯定自我價值：你覺得你值得過更富足的生活嗎？（豐盛）
＿＿＿＿

管控預算：你清楚自己的收入和開銷嗎？你至少每個月會確認一次預算和現金流，量入為出，誠實面對自己的財務問題嗎？
（覺察）＿＿＿＿＿

準時繳帳單：信用卡延遲繳款，可能須支付違約金。你是不是很會處理帳單，準時繳納各項費用呢？（負起責任）＿＿＿＿＿

量入為出：你有沒有在練習正念消費？你習慣量入為出，以免債台高築嗎？（活在當下）＿＿＿＿＿

計算淨價值：淨價值是總資產（包括銀行帳戶、投資和財產）扣掉負債（信用卡債、貸款、房貸）。目前你的淨價值，你會給自己打幾分？（本體）_____

善待自己：你在餘裕之內，對自己有多好呢？（愛自己）_____

財務規劃：關於財務健全，包括償還學貸或卡債，存錢買房子，讓孩子上大學，為退休作打算，你會給自己打幾分呢？（願景）_____

定期跟理財顧問報到：你每年會定期諮詢理財顧問，確認自己的理財策略沒問題嗎？（支持）_____

做慈善：你會不會在自己能力範圍內，支持你覺得有意義的團體？（慈悲）_____

談判：所謂的談判，包括要求加薪或福利，討論採購價格或合約，還有討價還價，以便跟對方成交。你擅長談判嗎？（正向思考）_____

風險容忍度：有足夠的保險，你受到的衝擊就沒有那麼大了。你覺得你的醫療險、車險、房屋險、事業險或壽險足夠嗎？（超脫）_____

儲蓄和投資：你的存款最好要預留三～六個月的生活費，還有準

備未來的退休基金帳戶。關於儲蓄和投資，未雨綢繆，你會給自己打幾分呢？（韌性）_____

　　把你的答案畫在自我評估練習圖上（可參考第 42 頁「財務健全自我評估練習示範」的範例圖），從最頂端的輻條開始，在每一根輻條為自己評分，分數介於不佳和極優之間，在最相近的刻度做記號，依序填好其他輻條，最後把這些點連起來。記住，務必誠實回答！

財務健全自我評估表圖

記得標註日期，等到你執行完致富心態養成計畫，還會再做一次財務健全自我評估練習，到時候再確認你進步多少。恭喜你，你完成了第一道練習！趁你還沒執行計畫之前，先評估自己的財務狀況，就算你的分數很高，你仍會在計畫執行期間，持續的拓展視野，提升個人幸福和財務健全。每一個章節會收錄務實的妙招、創新的工具和無數的靈感。

整個計畫要花多少時間呢？

　一口氣做完各章的練習，最多只要花三小時。為了方便起見，每個練習題都有標示所需的時間。你大可視個人情況，挑選你想做的練習，認真完成。如果時間許可，我建議給自己十二週。十二週不長也不短，大多數人都可以在十二週內，保持衝勁和穩定，好好完成一件事。如果你覺得有難度，不妨拉長時間，每個月完成一個章節就好了，反正就是找到最適合自己的步調，因為真正重要的是，你能否堅持到最後，努力實現更美好的人生。

　鍛鍊身體，體態會更優美。同樣的道理，做致富心態養成練習，當然也會改善心理健康和財務健全。如果遇到你沒感覺的練習題，偶爾跳過一兩個，並無傷大雅，但我個人強烈建議，各章的自我評估練習非做不可。

把致富心態養成計畫融入生活中

　　每個人都在持續努力和精進。這樣說來，致富心態養成計畫很適合融入日常生活中，因為致富心態不可能馬上練成，這就如同重量訓練講究持之以恆，一陣子不運動，身材就會走樣，致富心態也是如此，所以要持續練習，養成致富心態，讓生活和事業更成功。你越是練習，越覺得簡單。

　　致富心態養成計畫收錄了很多工具，包準你一生受用無窮。每當人生面對挑戰或阻礙，隨時可以再次複習。無論你目前處於哪一個人生階段，請容我引導你邁向更富足的人生，我會按部就班陪伴你，一路鼓勵你。恭喜你，你願意投注時間和心力，提升自我價值，改善財務生活，今年，絕對是你財務和情緒大有斬獲的一年！

ch1

豐盛

發現個人價值，驚覺身在福中不知福

「你的內在世界坐擁黃金寶藏，何必要沉醉於外在世界呢？」

魯米（*Rumi*），十三世紀的詩人，蘇菲神祕主義者，神學家

　　我的教授跟入學新生開過一個玩笑：「你們選這個科系，肯定是不想賺大錢。」那一天正好是一九九四年，我在西北大學諮商心理學研究所的開學日。我真心想成為心理師，造福社會，但我心頭揪得緊，因為我為了讀研究所，剛簽了 5 萬美元的學貸本票，我該如何還清學貸，並且養活自己呢？

　　兩年後，我從研究所畢業，當時剛入行的心理諮商師，每年起薪為 1.8 萬美元，我聽說有一位同學找到起薪 2.5 萬美元的工作，我以此為目標，最後我應徵到年薪 2.5 萬美元的心理師工作，工作地點在芝加哥市中心的戒治診所，專門協助 HIV

（Human Immunodeficiency Virus，人類免疫缺乏病毒）感染者戒除藥物成癮。我在那裡見識到，從小生長在貧窮、暴力、種族歧視和犯罪中，會留下莫大的心理創傷，但我也感受到人類靈魂的良善和韌性。

我在戒治診所工作兩年後，新婚燕爾，有一點入不敷出。我下定決心，每年至少要賺 3.5 萬美元，讓自己過得舒服點，所幸我應徵上員工協助方案（Employee Assistance Program，EAP）的心理師職位，年薪正好是 3.5 萬美元，我為各行各業的勞工提供行為保健服務，我的個案遍布於工會、醫院、法務到金融業，我還去諮商所兼差，一來拼事業，二來可以多賺點錢。

二〇〇二年，我做了艱難的決定，辭掉我原本的正職和兼職，全心投入我自己創立的諮商事業。我知道自己會需要幫忙，於是約了一位朋友喝咖啡，那陣子史蒂芬・納吉舍（Steven Nakisher）博士也在創業，他問我期待每年賺多少錢，我剛懷大女兒，有一堆帳單要繳，我說，我希望年收入有 6 萬美元。

史蒂夫皺了皺眉頭，他說：「6 萬美元而已？我倒希望自己每年賺 10 萬美元呢！」

我沒想太多，大聲驚呼：「有這個可能嗎？」

史蒂夫胸有成竹的回答：「當然有！」

那一年，我賺了 6 萬美元，史蒂夫賺了 10 多萬。

史蒂夫屢次創業成功，曾在《創智贏家》（Shark Tank）電

視節目參賽，並且贏得名次。他推出第一項產品，隨即名列「歐普拉的最愛」。史蒂夫思緒清晰，一路帶領他成功，反觀我缺乏抱負，一直為自己設限。當我發現這個因果關係，立刻做了一件事，這是每位優秀心理師都會做的事——我預約了心理諮商！

我接受心理治療，諮商師雅琳・英格蘭德（Arlene Englander）問我：「當妳聽到『金錢』這個字，心裡怎麼想？」我回答：「我想到金錢就壓力大，金錢會令我焦慮。」她回答：「這樣就說得通了！難怪妳留不住錢！」我們一起發現，我的金錢觀是童年養成的。

我爸在經濟大蕭條出生，從小在俄亥俄州克利夫蘭（Cleveland）長大，我爺爺奶奶都是在工廠辛苦謀生，我爸最後走上念書這條路，大學時代半工半讀，後來又靠著當空軍中尉的薪資，取得哈佛大學商管碩士學位。他在專門生產襯墊的大公司，一路做到部門主管的高位，不料碰上一九八〇年代汽車產業大蕭條，直接斷了財路。我當時八歲，還記得我在客廳玩耍，看爸爸白天沒上班，竟還天真的說，我好喜歡他待在家裡。我呆愣愣的望著他，他悲從中來，於是他跟我解釋，他失業了，我聽得不是很明白，但我看得出來，他待在家裡不是很開心，面露哀傷、羞愧和恐懼，因為他就像一般的男性，主要靠事業和收入來證明自我的價值[1]。

接下來三年，我們搬了兩次家，從底特律搬到多倫多，再搬

到托雷多。我爸屢次遭到裁員和失業，有嚴重的金錢焦慮，罹患憂鬱症。我們家經常為錢爭吵，但我們卻住著大房子，位於舒適的郊區，隸屬高級鄉村俱樂部。我們家的財務狀況怎麼樣，連我也不太清楚，外表看起來光鮮亮麗，但我從實際面來看，倒覺得可怕和丟臉。我爸的財務大致是成功的，他會從失敗中爬起來，後來他投資股票市場，大賺一筆，只是對我而言，這段成長經歷就像坐雲霄飛車，導致我的財務和情緒不太穩定。

上研究所第一天，我聽到的那席話，在我出社會以後，聽了不下百次，後來我把它拋諸腦後，壓根兒不相信「心理師不可能同時幫助人又賺大錢」。我的姓是瑪特（Marter），唸起來跟烈士（martyr）的英文同音，但我才不想當金錢的烈士！我自己開業，不僅要改變別人的人生，也要改變自己的人生。我的人生會蛻變，一切始於我改變自己的金錢觀，接納自我價值，只不過在我邁向豐盛的路上，有太多轉折、曲折和跌跌撞撞。

當我諮詢專業的意見，創立安美城心，我開始對金錢心理學感興趣。我會留意個人對金錢的想法和信念，如何影響公司盈虧。我身為臨床心理師，就是要幫助我的個案，找出有什麼東西在妨礙金錢流動，或者妨礙愛與支持等資源的流動，讓個案有機會享受豐盛之流。現在，我要把這套心法也分享給大家，讓讀者一起受惠！

治療小站：療程一（20分鐘）

想像你來我的辦公室，進行第一次治療。我們要一起探索，你過去有關金錢的人生經驗，如何形塑或影響你現在跟金錢的關係。回答下列問題，把答案寫在筆記本上：

- 你從小對金錢的觀念，主要是源自哪一種文化、宗教或家庭信念呢？

- 你對於有錢人抱持什麼態度和看法？你對於窮人抱持什麼態度和看法？

- 你成長的過程中，有沒有發現大家會因為性別、年紀、行業的差異，對於金錢有不同的期待呢？或者，大家會因為族群或種族歧視，對於金錢有不同的期待呢？

- 這些想法如何影響你目前的財務？

- 你聽到金錢這個詞，內心有什麼想法呢？對我個人來說，金錢是壓力，所以是負面的。金錢對你來說，是正面還是負面的呢？

- 你會不會為自己設定收入的上限？如果有的話，你設定多少金額？為什麼你就是無法突破這個金額呢？

- 你是否真心覺得，你有能力也有資格，獲得豐盛的金錢和資源呢？如果你不這麼認為，為什麼？

　　假裝我就在你身旁，跟你一起回顧答案。哪三種思維模式會妨礙你過豐盛的人生？例如你從小就被灌輸「有錢人都是壞蛋，男人賺的錢比女人多」的想法。問一問你自己，該如何修正這些想法，接納豐盛進入你的人生，好好照顧你自己、你所愛的人、你周圍的世界。寫下來，這就是你執行致富心態養成計畫的第一步。

　　你做得很好！現在我們要更進一步，深入探討你跟金錢的關係！

你跟財務之間是什麼關係呢？

　　如果把財務看成一個人，姑且叫她小毛（Penny，最小的貨幣單位）好了，我三十幾歲的時候，總是把自己的不幸都怪到小毛頭上，動不動就對她生氣，怒氣沖沖。我極度忽視她，忘了要餵養她，不關心她在做什麼。等到我有機會拜訪她，我又因為她貧乏的外表，覺得罪惡、恐懼和恐慌。我要把她介紹給別人認識，又覺得難為情，面子掛不住，甚至連正眼瞧她都做不到。

　　我快四十歲的時候，個人和公司的債務都到了最高點，我陷入嚴重的財務焦慮。小毛不堪負荷，一整個崩盤了。我是大家的照顧者，一直在討大家歡心。為了照顧我的員工、個案和家人（包括兩個年幼的女兒），我累積大筆債務。無論員工有什麼要求，我使命必達，我也設法讓女兒過著寬裕的生活（即使超乎我的能力範圍），怪不得小毛會不堪負荷。我們給病患方便，但保險給付需要一些時間，以致公司現金流量出問題。每個月到了第四個星期，我就睡不著覺，我煩惱公司能不能在下個月第一週，如期付出薪資和租金。我和合夥人為了打平開支，只好動用信用卡的預借現金，銀行來電通知，說支票跳票了。我們已經超出負荷，活在無盡的財務恐懼中。

　　我們財務狀況最糟的時候，我合作七年的合夥人也是我最好的朋友，發了一封信給我跟全體員工，宣布她要辭職，再也不回來了。這是我人生最痛苦的失落，僅次於我二十歲痛失父親，三十歲痛失母親。我和合夥人互稱「靈魂姐妹」，我曾經想過，我們會當好朋友一直到老。我打個比喻，這段失落就好像另一半在深夜不告而別，但是我的合夥人沒有跟我道別，所以她留在公司的私人物品，我直接寄到她家。這在我心裡曾經造成很大的缺口，我心碎了。

　　她離開之後，員工頓時覺得，這間公司像一艘快沉沒的船，原本有三十五位心理師，三分之一都遞了辭呈，連手上的個

案都一併帶走。我一邊哀悼我失去朋友和合夥人，一邊感到孤單和疲累，但我不輕易認輸，畢竟還是有員工和個案要仰仗我。依照我和合夥人的拆夥協議，對方會接下離她家最近的辦公地點，以及那裡的員工。而我呢？我扛下超過 10 萬美元的債務，還有其他四個長期辦公室租約。我覺得自己是船長，有責任走完這趟旅程，絕不棄船而逃！

　　我改變作風，不再跟員工粉飾太平，而是向大家道歉，我並沒有好好物色企管和財務顧問，因為以前的我最害怕聽到，別人說我的商業模式不會成功，我創立的夢想企業會關閉。我也改變經營模式，不再事必躬親。我開始練習謙卑，學會向人求助。那些留下來的員工，深愛著公司，想幫我的忙。我不再默默承受，我開始跟別人訴說我的處境，親朋好友聽了，紛紛提供我支持，給我寶貴建議。

　　我的鄰居是會計師，擁有商管碩士學位，詢問我有沒有做過企業鑑價。他推薦我一位會計師朋友，可以審閱我們公司的帳本，做企業鑑價，盡可能提供我協助。我勇於面對內心的恐懼，跟會計師提姆·肯尼（Tim Kenny）約時間見面，我忐忑不安，緊張到快哭了，奉上帳簿的電子檔。他用平靜的語氣，詢問我幾個問題。過了幾天，他打電話來，說我的商業模式是可行的！提姆發現真正的問題出在現金流，他可以幫我爭取銀行貸款，讓我準時發薪和繳房租。

　　提姆建議我務實一點，他說：「喬伊絲，妳雇用這些心理師，不是在做慈善事業啊！這是一家企業，妳應該要獲利。」我把自己所有的資源都奉獻出去，搞到我一無所有。從今以後，我必須把小毛擺在第一位，設定健康的財務界線，這麼做，對每個人都好。

　　申請銀行貸款，調整商業模式，荷包總算不再大失血了，但這段修正過程不可能一下子到位，也不可能毫無痛苦。小毛還在加護病房，但所幸我們公司內部的會計師雪莉，每天都在激勵我，真是一位天使！我們一天處理一件事，在高層和全體員工的協助下，澈底逆轉情勢。

　　除了提姆和雪莉，我的理財規劃師比爾・萊波（Bill Laipple），也清楚小毛的情況，幫了我大忙，把小毛照顧好。我總算跟小毛開誠布公的對話，每天去探望她。小毛的健康突然好轉了。如今，我的財務改名叫做豐盛，她堅強、有活力、有力量。我們互相支持，互為後盾，我重視她，以她為榮，也會好好照顧她。

　　小毛和豐盛這兩個名字，分別象徵我兩個時期的自我價值觀。我必須先重視自己，才能夠迎接豐盛。你也做得到的！無論你現在財務狀況如何，你隨時可以享受豐盛，因為這是你應得的！

財務層面的鏡中自我（20 分鐘）

回答下列問題，把答案寫在筆記本上：

- 如果把財務看成一個人，你會幫他取什麼名字？
- 他看起來如何？給你什麼感覺？
- 你們之間的關係怎麼樣？
- 鏡中自我是透過別人的角度來認識自我。說到財務層面，你覺得鏡中自我跟自我價值感之間，到底是什麼關係呢？

現在你做完觀察了！準備從人生各個層面，迎接更大的豐盛吧。

財務健全大補帖：掌握自己的價值

「我夠不夠好？是，我夠好了[2]。」

蜜雪兒・歐巴馬（*Michelle Obama*），律師、前美國第一夫人

父母親都是不完美的凡人，所以每一個孩子都有未滿足的需

求，以致我們長大以後，總覺得自己沒價值。我這些年來觀察無數的個案，我發現越是肯定自我價值，資產淨價值就越高，但是，資產淨價值高，不一定會懂得肯定自我價值。科學研究顯示，自我尊重和工作表現呈現正相關[3]，既然如此，如果希望財務更健全，勢必要肯定自我的價值。

我有一位客戶妮雅，做了一份對她有害，薪水又低的工作，她忿忿不平的說：「我值得更好的工作，我希望自己過得更好。」我在旁邊聽，不禁為她感到驕傲。我們一生中，不免迫於營生，做一些低薪的工作，這是我們成長和發展的踏板。我心裡很清楚，妮雅的人生即將開啟新的篇章了，迎來更大的豐盛，因為她終於相信，她值得了。

我一路走來，也是在學習肯定自我價值。二○一二年第一次有人邀請我到別的州演講。大家都說「一分錢一分貨」，於是我問了我朋友羅斯，到底該開多少價格。羅斯是成功的心理師，也是知名作家，經常到各地演講和授課。我詢問羅斯，如果是一場跨州的演講，他會開多少價格呢？他大方跟我分享他的價碼。這數字比我以前的價碼超出許多，但我還是借用了羅斯的自尊，向對方開口要了這個價格，我萬萬沒想到，對方竟然回答我，「好！沒問題！」我打電話給羅斯，劈頭就說：「我真不敢相信，只有短短 45 分鐘的演講，就可以拿到這麼多錢！」他回我：「只有 45 分鐘嗎？那是我一天的價碼耶！」

　　你敢要，宇宙就會給你！每個人都要肯定自我價值，放下無謂的罪惡感，記住了，當我們擁有的越多，可以付出的就越多，對世界就能做出更大的貢獻。

評估自我價值（10分鐘；一輩子的練習）

　　回答下列問題，把答案寫在筆記本上：

- 想像有一位信賴你的人（例如你最要好的朋友和同事，或者是你母親），邀請對方說出你的天賦和強項，你覺得對方會說什麼呢？

- 回想你做過什麼事，令自己意外的驚喜。當時你有什麼感受？你從中學到的經驗，有沒有改變你人生的其他層面呢？

- 什麼時候你會覺得自己特別有價值？什麼人際關係會給你這種感覺？為什麼？

- 回想你做好一份工作，感覺一切都值得的經驗。你怎麼會走到那一步？那機會是天下掉下來的，還是你本來就有所期待的？你從那段經驗學習到什麼？

　　你越是肯定自我價值，就會有越多豐盛進入你的生命中。

豐盛 vs.匱乏

「唯有每天每小時每分鐘，都堅決抱持豐盛心態，

才會有長期顯著的成功[4]。」

布萊恩特・麥吉爾（*Bryant McGill*），美國作家

　　我主張豐盛思維。在這個世界上，金錢、機會、善意、愛等資源都是充足的，我們擁有多一點，別人並不會擁有少一點。**抱持豐盛的思維，可以創造新的收入來源，為你增加收益，讓你有能力去支持別人**，例如創造工作機會和實習機會，做公益服務或慈善。豐盛並非自私，當你擁有更多，就可以幫助更多人[5]。

　　有些人奉行匱乏思維，大概是人生有過匱乏的經驗，非得緊抓著自己擁有的一切，捍衛好身邊的資源。也有人從小就奉行「自掃門前雪」，不自覺地助長內心的貪婪、嫉妒和競爭。然而，從匱乏心態轉為豐盛心態，會創造新的可能性和合作機會，你會去恭賀別人成功，迎向更富足的人生。

　　我做心理師這些年，見識過無數的財務創傷，當事人一再陷入金錢損失、憂鬱、焦慮和創傷後壓力症候群（PTSD）[6]。我有一位個案瑞秋，從小住在芝加哥的社會住宅，過著清寒的生活，她經常挨餓，缺乏生活基本用品，還好她聰明又努力，一路念到大學，後來也掙得豐厚的薪水，然而過去的創傷使然，她還

是會擔心自己餓肚子，於是拼命的吃，變成病態性肥胖，不得已只好做腸胃繞道手術，她在手術後預約我的心理諮商。雖然她不再大吃大喝，卻演變成衝動購物，囤積大量的生活雜物、衣服等家居用品，以致債台高築。這是匱乏心態在作祟，一再囤積自覺匱乏的物質[7]。

我陪瑞秋一起處理心理創傷以及後續的各種強迫症行為。另外，她因為曾受人忽略，總覺得自己沒價值。認知行為治療是經過驗證的治療法，主張思考先於情緒和行為，於是她開始練習豐盛思維。她聘請了一位理財規劃師，從今以後她對於未來，終於感到安心和安全。她開始練習放鬆，相信自己是有價值的，能夠養活自己。久而久之，她的感情生活好轉了，她結識的對象不再是自尊低落或絕望的人，反之是肯定自我價值，令人安心的好男人。

從匱乏的視角來看待財務，花錢會變成一件可怕的事。然而，金錢是一股能量，正如其他形式的生命能量（例如呼吸或愛），唯有保持流動，才是真正的平衡。**正常的花費，對於豐盛的生命之流都是加分，當我們帶著信心和勇氣向前走，自然會維持財務穩定，迎接更大的豐盛之流。**

人生不是競賽：合作的收穫更大！

我有一位個案，不喜歡介紹朋友互相認識，她深怕大家感情

變太好，就會開始疏遠她。如果她的朋友本來就互相結識，她會想盡辦法掌控兩人的互動。她任意限制朋友，其實是出於貪婪之心，害怕匱乏；長期下來，朋友心生厭煩，紛紛疏遠她。由此可見，她的自我實現預言，無意中顯化她內心的恐懼。

做生意懷抱貪婪之心，短期會嚐到甜頭，但長期下來會嚐到苦果，痛失員工和客戶。研究調查顯示，貪婪會害人做錯事，做犯法的事或者遭到解僱[8]。從商秉持良好的合作精神，不刻意隱瞞和保護自己的商業資源，對於公司盈虧反而是加分。以我自己為例，我平常會開設工作坊和教練課，幫助更多的心理師自行開業。這些年，大家總是笑我笨，說我這樣做，豈不是在製造更多競爭對手，可是我從豐盛的視角看出去，完全是不一樣的風景呀！我幫助其他心理師創業成功，是為了實現我的使命，讓每個人都可以享受心理保健服務，這樣不是更美好嗎？我舉辦這些教練課和培訓，為自己創造了額外收入，而且我培訓的心理師，也經常介紹個案給我，邀請我去演講，推薦我合適的員工。

豐盛思維再搭配實際行動，絕對會有效果。我們諮商師公會的同仁向保險公司提出要求，希望提高心理治療的給付費用，一年之內，我們伊利諾州所有的心理治療機構都受惠了，給付金額增加了 17%。我就是跟「競爭對手」聯手合作，每月營收才能夠成長 1 萬美元呀！這是我創業以來最輝煌的成就，要不是跟競爭對手合作，根本不可能實現。

　　我經營諮商所的最後五年，加入了實務管理社團。這社團大約有十個人，每個人都開了大型心理諮商所。我們每季開會一次，討論經營的困難，互相交流心得，也互相支援。我一直感念大家的慷慨無私，大方分享資源。我們不孤軍奮戰，而是互相分享資訊，幫助彼此成長和茁壯，造福更多的個案。我們也從社團獲得情緒支持，暢談人力管理或拓點的問題，和樂共治，為彼此的成功祝賀，並且在心理保健服務、員工或轉介來源上，努力秉持專業的界線。如果你有意拓展業務，不妨多參加這類型的論壇。

齊力斷金（10分鐘；一輩子的練習）

　　回答下列問題，把答案寫在筆記本上：

- 你特別想跟誰競爭呢？競爭心對你有什麼傷害呢？
- 競爭者會激發你什麼想法呢？你可以從競爭者身上學到什麼呢？把這些好事都列出來！
- 你可以在人生中創造更多合作嗎？
- 從競爭轉為合作，為什麼會創造更大的豐盛呢？

別自我設限！懷抱豐盛思維，人生無極限

「人是心念的產物，心裡想著什麼，就變成什麼⁹。」

莫罕達斯・甘地（*Mohandas Gandhi*），
印度律師，反殖民主義者，政治倫理學家

如果你相信某件事可能會實現，就有可能實現。「**我窮**」或「**我有錢**」之類的說法或信念，會影響現實的財務狀況，所以要注意你的心念，還有你說出口的話。

你所處的人生階段，也可能影響你對豐盛的想法，例如你還年輕，剛出社會打拼，恐怕會覺得自己是「身無分文的大學生」，這個信念會如何限制你呢？又或者，你快要退休了，卻對自己說：「現在想改善財務狀況也太遲了。」各位請停止這些自我設限的信念。投資你自己，永遠不嫌晚。

從今以後，你不妨換個說法：

- 把「不值得」換成「值得」

  （例如：「我不值得過富足的生活」→「**我值得過富足的生活**」）。

- 把「不會」換成「會」

  （例如：「我不會錄取的」→「**我會錄取的**」）。

- 把「不能」換成「能」

　　（例如：「我不能創業」→「**我能創業**」）。

- 把「不是」換成「是」

　　（例如：「我不是這方面的人才」→「**我是這方面的人才**」）。

　　我深知負面信念會限制個人潛能，阻斷豐盛之流。如果我的個案經常說「這樣沒用的、這麼做無濟於事、我辦不到」之類的話，通常會在原地踏步。反之，那些敞開心胸的個案，才能夠迎接無限的豐盛。當他們面臨阻礙，不會停下腳步，反而會勇於嘗試新策略、新方法或新方案。一出現新機會，必定敞開雙臂，例如線上課程、社群工作坊或建立人脈。我有些個案轉為豐盛思維後，做了很多特別的新嘗試，成功開啟副業，甚至成為環保領袖。

　　現在做一些練習，讓自己轉為豐盛思維吧！

記錄並改寫你的思維（15 分鐘；一輩子的練習）

　　認知行為治療有助於覺察負面思維模式，進而做出改變。說得更簡單一點，這會防止你「認知失真」。依照認知行為治

療，大家要把自己的想法記下來，或者養成寫思維日記的習慣，這樣就可以覺察負面的思維模式，然後做改變，讓自己的思維更中性或更正向。

　　拿出筆記本，畫出下列表格，回想過去幾個星期，你為了什麼事而苦惱，尤其是為財務煩心，填寫在表格裡。我舉了一個例子，供大家參考：

情境	念頭	情緒	行為	轉念
升遷的人不是我，是我同事	我爛透了	憤怒 悲傷 羞恥	生氣 被動攻擊	說不定未來有更好的機會。

　　念頭由負轉正，情緒會跟著改變，變得有力量、平靜、有信心或有希望。有了這些正向情緒，你會更願意為別人的成功喝采。練習記錄自己的念頭，是一輩子受用的工具，可以把負向的念頭轉為正向。這個練習看起來簡單，卻會養成正向思考的習慣。你做得到的！

發現你的黃金寶座

> 「整個世界都是你的舞台，
> 就看你能不能發現自己的長才 10。」

克里斯・葛德納（*Chris Gardner*），美國商人，從遊民變身億萬富翁，
好萊塢電影《當幸福來敲門》為其回憶錄改編而成

　　我跟會計師提姆第一次見面，還以為他會叫我申請破產，結果他做了企業鑑價後，竟然說我的公司價值「七位數」，可是就連我的前合夥人，都已經放棄了這間公司啊！因為，我們只看到債務，只看到匱乏，卻沒有看到全貌。

　　你也是透過負面的濾鏡看世界，始終看不見自己的天賦、資源和資產嗎？你明明坐在黃金寶座上，卻遲遲沒有發現？《古董路演》（Antiques Roadshow）這個電視節目告訴我們，日常生活中的小物品，都有可能價值連城。現在來清算一下，你有多少強項、資源、點子和天賦？有沒有什麼寶藏被你忽略了？我很多個案都快寫完一本書了，卻從未給別人看過；有創業的好點子，卻從未實現過；擁有特殊的技能，卻一直保密到家；有絕頂的天賦，卻從未大展身手。他們有遠大的抱負，卻因為心懷恐懼，阻礙豐盛的流動。

　　我當心理師最愛做的一件事，就是如實呈現個案的強項，也

就是他們的驚人之處、特殊之處、美妙之處。這一切都是豐盛的源頭，必須被人看見，受到重視和灌溉。致富心態養成計畫，就是在灌溉這些種子，讓光照射進來，你就會開枝散葉，實現最完整而偉大的自我。一旦你豐盛了，就可以散播更多富足的種子，長成一大片森林，造福世世代代。

　　現在是時候了，把豐盛帶入你的日常生活中！下面的豐盛自我評估練習，整合你在第一章學到的技能，測試你在哪些領域格外豐盛，以下是豐盛自我評估練習的個案範例：

豐盛自我評估練習圖的範例

　　這位個案不勇於迎接新的可能性，所以這方面的分數特別低，肚量倒是大得很，願意為別人喝采。「凹陷」的意思是分數特別低，做了這個練習，就有機會補足這些凹陷，彌補自己的不足。因為有缺陷，把每個點連起來，看起來就不是圓形，反而比較像星形。不過沒有關係，執行致富心態養成計畫期間，隨時可以回來做這個練習！

　　今天就是你進步的起點。每一個章節都有關聯，往後你繼續執行致富心態養成計畫，還會創造更大的豐盛。目前你有哪些生活層面是豐盛的呢？想知道的話，快來做次頁的豐盛自我評估表。

自我評估表（20 分鐘）
豐盛

日期：＿＿＿＿＿＿＿＿＿

依照下列評分標準，在每個問題的空格，填入你的自評分數：

不佳（1～3）、尚可（4～5）、良好（6～7）、極優（8～10）

不良			尚可		良好			極優	
1	**2**	**3**	**4**	**5**	**6**	**7**	**8**	**9**	**10**

自我價值： 肯定自我的內在價值，相信自己值得過富足的生活，享受美好的事物。你會給自己打幾分？＿＿＿＿＿

正向金錢心理學： 關於金錢的意義，你的想法夠不夠正向呢？＿＿＿＿＿

解除障礙： 當你渴望得到更多，罪惡感會在心中翻騰，你能不能化解這些罪惡感呢？你能不能破除自我限制的信念，用正向的肯定語鼓勵自己，讓金錢自動流向你呢？＿＿＿＿＿

豐盛思維： 以豐盛思維取代匱乏思維，始終相信有源源不絕的資

源。你會給自己打幾分？_____

觀點不受限：你是否能不顧限制（道德除外），盡情夢想自己的人生和財富？_____

跟金錢維持正向的關係：隨時關照並滋養你跟金錢的關係。你會給自己打幾分？_____

懂得跟別人合作：以合作取代競爭。你會給自己打幾分？_____

為別人喝采：看到別人成功和喜悅，會衷心祝賀對方，不覺得自己矮人一截。你會給自己打幾分？_____

正向改變的信念：面對人生困頓或財務狀況不佳，仍願意相信一切都會好轉。你會給自己打幾分？_____

勇於迎接新的可能性：嘗試新作法，穿越眼前的阻礙，讓事業、財務和人生有成長，更加成功。你會給自己打幾分？_____

把握機會：勇於接受邀請，例如參加活動、課程、線上研討會、線上課程，當機會向你招手，就好好把握。你會給自己打幾分？_____

善用資產：發揮長才、天賦和資源。你會給自己打幾分？_____

　　把你的答案填在豐盛自我評估練習圖上（如果忘了怎麼寫，可參考第42頁「財務健全自我評估練習示範」的範例圖），先從最上方的輻條開始填起（你在自我價值的面向，是不佳、尚可、良好、極優呢？），在那根輻條標出你的分數，然後繼續完成其他輻條。等到每根輻條都評分完畢，把這些小點連起來。別太在意分數，一定要對自己誠實。

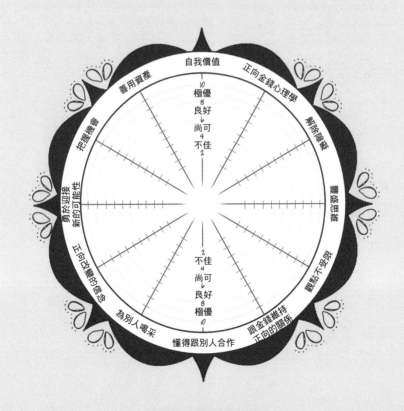

豐盛自我評估練習圖

現在來確認你的豐盛程度，回答下列問題，把答案寫在筆記本上：

- 觀察你的豐盛自我評估練習圖，有哪三個「凹陷」特別明顯呢？

- 這三個領域要達到「極優」的話，你覺得最大的障礙是什麼？

- 該如何克服這些障礙呢？

不妨找朋友或知己一起討論。這個分數往往會上下波動，需要長期關注。記得標註日期，以便長期追蹤。加油！

我們每個人都坐擁黃金寶座，卻傻傻的向外人乞討。宇宙的資源是如此的豐盛，有愛、有支持、有富足。除非我們相信自己值得擁有，敞開心胸並勇於接受，否則會把豐盛之流拒於門外。

因為章節之間是互相關聯的，你往後繼續執行致富心態養成計畫，絕對會越來越豐盛！下一章探討覺察，你會恍然大悟，究竟是什麼原因讓你始終看不見身邊的資源。

ch2

覺察

潛意識正在剝奪你的財富

「向外探索的人，造夢；向內探索的人，覺醒。」

卡爾・榮格（*Carl Jung*），瑞士精神病學家和心理分析專家，
分析心理學創始人

　　我聆聽酗酒家庭的講座，有一種似曾相識的感覺，聽起來還真像我們家。我爸媽不喝酒，但我們家的情緒狀態和關係動態，跟酗酒家庭挺相似的。吵吵鬧鬧，反覆無常，感到羞愧和憤怒，以及伴隨而來的焦慮和自尊低落，還有「不可外揚的家醜」。

　　接受臨床心理師培訓的第一年，同時也是我做心理治療的第一年，我覺得自己好像在當偵探，追求深度覺察，盡可能認識自己，這樣我做心理師的時候，會更有意識，也會更有效。所謂的

自我覺察，就是不否認並清楚看見自己的問題（包括心理健康問題），認清自己預設的關係角色，以及這些角色對人生幸福和財務有什麼影響。如果想要有意識的活著，追求人生各層面的成功，絕對要做到自我覺察。

我小時候便知道，外公早在我出生之前就因為酗酒而死。我參加酗酒家庭的講座後，特地詢問母親。我想了解外公的酗酒習慣以及母親的過往，萬萬沒想到我母親在三十幾歲也參加過匿名戒酒會，當年我三個姊姊還不到六歲。她後來回想，酗酒是自我藥療，療癒她的產後憂鬱，以及童年創傷所造成的心理痛苦。

母親聰明慧黠，有深度的靈魂，蘊藏豐富的智慧，為人風趣幽默，但是她其餘的面向，給我造成莫大傷害。我從小到大，她吹毛求疵，控制欲強，一板一眼，每當我有正常的情緒，感到悲傷或憤怒，她並不會同理我，反而還讓我覺得我有這些情緒是壞孩子，是我的不對，這在酗酒家庭很常見。即使在我的成長過程中，我媽沒有喝過一滴酒，我還是受到傷害了。

由於我跟母親關係不好，我父母老是為錢爭吵，導致我極度焦慮，總是在尋求別人的認可，渴求家庭的平靜。我成了他們婚姻的調停者，老是在拯救家中受苦的人（難怪我會當心理師！）我在臨床培訓期間深入反思，這才發現我們家的關係會這樣，是因為我有共同依賴症（codependency）——我會犧牲自己的幸福，過度照顧或討好別人。長大以後，這種無意識的行為模

式，仍持續影響我的人際關係、工作和財務。

　　會計師提姆坦白告訴我，我確實會犧牲自己來照顧別人，我終於覺悟了，我的財務之所以會觸礁，主要是因為我有共同依賴症。如果我真心要提高理財意識，一定要為自己的不幸負起責任。這是關鍵時刻，我要先學會照顧自己，設定健康的人我界線，這是必要的，絕非自私自利。

　　我把重心拉回自己身上，主動閱讀共同依賴症的書籍，寫筆記，做正念練習，不斷向內省視自己，我還接受心理治療，漸漸明白為什麼我會變成這樣，為什麼我會做這些事。這些努力為我奠定基礎，無論在面對個人生活或財務，都變得更有意識了。我深入了解自己的共同依賴症，學會照顧我自己，在人際關係和財務層面設定更健康的人我界線，改善我的焦慮、自尊和財務。

　　我衷心希望你也可以更有覺知和意識，少扯自己後腿，多照顧自己，以締造更多成就。我們開始吧！

治療小站：療程二（20 分鐘）

　　想像你再度光臨我的辦公室，這一次，我們要提升覺知力。回答下列問題，把答案寫在筆記本上：

- 你讀完我的故事，內心有什麼感受呢？

- 家庭對你的心理健康有什麼影響呢？對你的財務有什麼影響呢？

- 你是否曾經提升自我覺察，連帶改善你的幸福和財務呢？

　　你提升覺察力之前，不妨仿效我的作法，先向內觀察自己，可能會有意想不到的發現喔！

不經意重複熟悉的行為模式

「我一直在找規律。我有一顆物理學家的靈魂，仔細觀察我這輩
子發生的事，想找到一個通用的方程式和萬物論。」[1]

威爾・史密斯（Will Smith），美國演員和饒舌樂手

我們總會不經意重現早年養成的角色和關係模式，除非我們
有自覺，刻意做更明智的選擇。只不過，我們凡人就是愛選擇最
小阻力的路徑，因為這樣才輕鬆愉快嘛！

蘿絲的老公是股票經紀人，一直有古柯鹼成癮的問題，沉
迷於脫衣舞孃俱樂部。當年蘿絲來找我做治療時大約三十歲，
全職在家照顧兩個小孩。治療期間，她覺察到自己活在「戲劇
三角」（drama triangle）。悲傷的時候，她就扮演受害者；惱火
的時候，她就扮演迫害者；開心的時候，她就扮演拯救者（拯
救她老公）[2]。她參加過鋁阿農戒酒家族團體（Al-anon family
groups），這是採用十二個步驟的酗酒家庭支持團體。她經歷過
數次婚姻治療、失敗的介入、無盡的努力，終於鼓起勇氣，決定
跟老公離婚。她宛如浴火鳳凰，奪回自己的力量，重返職場，擔
任律師助理。不僅為自己的財務負責任，活出精彩的人生，靠
自己的力量養活孩子，也過得比以前更好。這一切讓她更有力
量，無意間拯救了她自己和孩子，因為後來她老公嚴重成癮，失

去了工作，無法支付贍養費。我們結束治療後，過了幾個月，她打電話給我：「喬伊絲，我想做好準備……我正在約會，但這個人跟我前夫好相似，只差在他有澳洲口音。」

我們會重複自己熟悉的角色和關係模式，不經意對人際關係、事業和財務造成影響，不自覺就陷入特定的關係或事業，一再重現自己在原生家庭扮演的角色。

根據家族系統理論，每一位家庭成員都扮演不同的角色，以建立和維持家族系統的平衡[3]。職場也是人際關係系統，我們當然也會在職場重複自己熟悉的角色。研究調查顯示，我們在原生家庭（從小生長的家）扮演的角色，攸關事業的成敗[4]。當我們開始觀察自己在團體和組織扮演的角色，深究這些角色的優缺點，就會看出關係模式對事業和財務的影響。

下列是常見的家庭角色，以及各自對事業和財務的影響：

- **英雄或天之驕子**：這種人特別有成就，也是家族的驕傲，通常也適合當領袖，一切以目標為導向，行事自律，但就是不懂得放鬆，什麼事都要爭對錯，也不懂得放手。這種人格傾向自行創業，成為企業領導人，卻因為個性跋扈或盛氣凌人，人際關係並不順利。

- **代罪羔羊或害群之馬**：全家人都覺得這個人是麻煩（例如有心理問題、成癮、社交或財務問題），但代罪羔羊的存在，其實象徵這個家有潛在問題，這種人格的優點是幽默感、勇

於示弱、展現真實，缺點是長不大，事業和財務不順。

- 好孩子：這種乖順的孩子，盡量不給家人惹麻煩，個性柔順好相處，只是缺乏人生方向，害怕做決定，往往不假思索就順著別人的意思去做。在人際關係中，這種人所做的付出，容易被視為理所當然。至於在職場上，可能會做別人的助理，薪水比較低。

- 吉祥物或小丑：善用幽默感來化解衝突，不太會表達真實的自我，難以拉近跟別人的關係，導致雙方在關係中，情緒並不成熟。可能從事業務或娛樂工作，有人會因此賺大錢，但大多數人都做得很辛苦。

- 調停者：努力維持家庭的和諧，可能會扮演拯救者的角色。家人互相溝通的時候，調停者負責緩頰。做這件事可能對健康有益，也可能有害，端視他做這件事時，別人領不領情，有沒有達到效果。調停者長大以後，可能會當律師、房地產經紀人或中階主管。

- 撫育者：以平衡健康的方式，給予家人情緒支持，讓家人的情緒保持穩定。他們也可能身兼調停者，可能做跟幼兒或教育有關的工作。

- 拯救者：把家人的問題攬在自己身上，以減輕自己的焦慮。他們內心通常有罪惡感，有共同依賴症的傾向，會犧牲自己來照顧別人，可能會做助人的專業工作，例如治療師、護理

師或醫護人員。一般來說，助人工作者並沒有賺到應得的薪
資，常自認錢財不是自己所能掌控，也深信自己賺不了大錢
5 。

- **啦啦隊**：這種人會鼓勵和支持別人，一方面關照自己的需
  求，另一方面也對別人有正面貢獻。長大以後會做行銷或主
  管，激勵旗下的客戶或員工。

- **思想家**：客觀、理性、有邏輯，但是跟別人難以建立情緒連
  結。他們可能喜愛科學、醫學或數學，但就是學不會人際手
  腕，不太會建立人脈和發展事業。

- **實話實說的人**：這種人只說真話。他們說的都是必要資訊，
  但別人未必會領情。如果再結合養育者或啦啦隊的特質，就
  是強大的優勢，很適合當記者和法律人。

　　你在原生家庭扮演的角色，可能不只一個，如果是好的角
色，那就繼續扮演下去。至於對你無益的壞角色呢？趕快改掉
吧！不妨透過心理諮商或教練課程，持續關照自己，養成更適合
你的新行為，認真執行致富心態養成計畫。

找出你的預設角色（20 分鐘）

回答下列問題，把答案寫在筆記本上：

- 反思你在原生家庭扮演的角色。參考上述的家庭系統理論，列出你扮演過的兩、三個角色，並且解釋原因。
- 這些角色對於你的人際關係或職涯有什麼影響呢？
- 這些角色對於你的財務有什麼影響呢？
- 針對每一個角色，寫下兩個優勢和挑戰。
- 針對每一個角色，寫下你想做的兩個改變，一個改變是鎖定人際關係，另一個改變是鎖定事業或財務。

你沒察覺的事，正悄悄地傷害著你

「只要你否認，就不可能獲得療癒[6]。」

布倫南・曼寧（*Brennan Manning*），美國作家和演說家

我們內在的防禦機制（例如否認），其實是潛意識的調適策略，有助於應付人生的創傷或痛苦，包括不愉快的念頭、感受和

行為。防禦機制在短期內管用，卻會阻礙深層的自覺，難以面對現實。每個人都必須覺察人生的現實，刻意改善個人生活、事業和財務。

我們跟別人無意識簽下的合約，稱為無意識的合約（Unconcious Contract），可能在不知不覺中，主導我們的人生方向。這種沉默協議是我們跟家人簽訂的，連我們自己也沒察覺。例如你覺得父母辛苦養大你，你有責任實現父母的夢想，雖然立意良善，卻盲目地追求你不期望的道路，久而久之，勢必會導致心理困擾。另一種無意識合約是自我「噤聲」，以免傷害到家庭體系的其他人，例如你懷有倖存者的內疚，或曾經遭虐待，或者有家人特別的自戀，以致你從小接收的文化、宗教或家庭信念跟你毫無共鳴，妨礙你成為最好的自己，難以過豐盛的生活。大家一定要記著，這些信念或沉默協議並沒有強迫你去遵守，一切都是你個人的選擇。

你是否為別人而活呢？

我想幫助個案活出真實的自我。我會聆聽個案的生命故事，從中拼湊線索。我有深厚的諮商經驗，所以我聽得出來是不是無意識合約或防禦機制在作祟，導致個案缺了某一塊拼圖，或者某幾塊拼圖合不來。我會陪著個案，一同穿越防禦機制，創造正向改變。

幾年前，同事把柯琳轉介給我，她諮商一年多了，卻沒有起

色。柯琳有輕微的慢性憂鬱症，雖然過著大家羨慕的人生，內心卻很痛苦。大家都稱讚她是「乖孩子」，只要她照著師長和社會的期待去做，就會獲得滿滿的愛和認可。她走上法律這條路，是因為爸爸指定的；她會跟男朋友結婚，是因為正值適婚年齡；她會懷孕生子，是因為社會期待。她慚愧的說，她並不是很愛當媽媽，而且她恨透自己的工作。現在女兒長大了，她才猛然驚覺，她沒有好好認識過自己，不知道自己真正的喜好、感受和期待。

我問到她的婚姻，她嘴巴說沒問題，卻給人一種疏離感。後來我們聊到不忠，她說她老公曾經跟同事精神出軌，現在已經結束了，只是她不清楚雙方怎麼了結的。我問她：「妳怎麼知道是精神出軌，而非肉體出軌呢？」她面無表情的看著我，一臉否認，這是標準的防禦心態。於是，我提起另一位女性的故事，她老公坦承自己有精神出軌，但她覺得老公在說謊，明明就是肉體出軌，最終突破她老公的心防，發現果然有肉體出軌。柯琳聽了很火大，她離開諮商室的那一刻，我曾經想過，我再也見不到她了吧。隔週，柯琳回來找我，她針對外遇事件問了老公幾個尖銳的問題，果不其然，她老公坦承跟同事相戀七年，在那段期間有肉體出軌，他甚至愛上對方，有意跟對方結婚。這些年，柯琳一直在否認，為她理想的生活搭好鷹架，頓時間鷹架全垮了。她必須面對真相，捨棄虛假的自我，發現真實的自我。

　　她努力了幾年，終於緩解憂鬱症，活出真實的自我。首先，她離婚了，重獲自由，練習為自己做決定，而非取悅他人。孩子離家後，她離開郊區，搬到市區的現代公寓。她重拾童年對藝術和音樂的興趣，開始環遊世界，結交各種有趣的朋友，享受狂野的戀情。她本來看在優渥的報酬，遲遲不肯換工作，後來她放手一搏，自行開業，關注她比較有興趣的法律領域。長期下來，她從法律事業獲得的收入，竟是以前的兩倍，她投注了自己全部的心力和靈魂。

　　我們每個人都像柯琳一樣，為了避免情緒困擾，會啟動潛意識的防禦機制（例如否認），有時候防禦機制是有效的，會幫助我們調適情緒，例如暫時的壓抑或解離，好讓我們活下來，走過重大創傷，可是在很多情況下，防禦機制反而會妨礙我們去認識自己和誠實面對人生。

別再騙自己了

　　我朋友麗莎・雷基（Lisa Lackey）是一位知名的心理諮商師，專門治療心理創傷和性成癮，她聰明、溫暖、富有同情心，一直協助高階主管人士克服性成癮。她為了卸除個案的心防，每次個案想唬弄她或欺騙自己，她就會按下巨大的紅色按鈕，大聲說：「我聽你在鬼扯！」

　　你準備好當機立斷了嗎？下列的防禦機制，可能給你似曾相

識的感覺[7]。你知道自己何時會啟動防禦機制嗎？這些防禦機制對你的人際關係、工作和財務造成什麼傷害呢？現在來做一下評估，找到改變的契機。

否認

否認是拒絕承認某件事已經發生、正在發生或者忽視問題的嚴重性。如果有成癮、飲食失調、憂鬱、虐待、創傷等心理問題，特別容易啟動否認的防禦機制，忘了去關照自己或他人的特定層面，進而破壞人際關係中共同的現實感。

有些人表現在財務上，不清楚自己的開銷、債務、利率或費用，入不敷出，超出財力負荷。就連另一半的財務祕密，也可能一無所知，例如對方有私房錢，有不可告人的開銷或債務。一個習慣否認的人，通常不會理財（不清楚自己的財務狀況，也不擅長管理），如果結了婚，或者跟別人合夥做生意，也可能因為自信心不足，摸不清財務狀況。

轉移作用

轉移作用是把怒氣發洩在好欺負的人身上，對你真正生氣的對象卻悶不吭聲。例如明明是對老闆心生不滿，卻回家找另一半發脾氣，或者明明在生自己的氣，卻對孩子大呼小叫。我們發洩的對象，往往是自己最愛的人，這也難怪轉移作用對關係的傷害非常大。轉移作用也有損財務意識，例如明明是自己窮，卻感嘆

大環境不好，不願意承認自己愛花錢。

昇華

心中不符合社會規範的衝動，以社會能夠接受的方式表現出來。舉例來說，對主管心生不滿，只好去打拳，宣洩內心的沮喪。以財務為例，有賭博欲的人，可能會拿錢創業，投資房地產或股票。大家一定要好好覺察，去看行為的背後究竟潛藏著什麼欲望。

投射

投射是把我們討厭的特質或感受，歸咎在別人身上。假設你生某人的氣，對他態度很差，卻不承認自己在生氣。以財務為例，你可能覺得合夥人小家子氣或大肆鋪張，但其實問題是出在你身上。

理智化

理智化是跟情緒狀態保持距離，一切從理性思考的觀點出發，完全不顧內心的感受。例如面對失業或金錢損失，只會從金融分析的角度找理由，卻沒有好好抒發悲傷、氣憤或恐懼的感受。

合理化

合理化是訴諸邏輯思考，來解釋有違社會規範的感受或行

為，卻看不清行為背後真正的原因。假設你買了一輛車，超出你負擔得起的能力範圍，而你卻告訴自己，做這一行，就是要開名車。

退化

退化是退回小時候習慣的行為模式，例如無助或惱羞成怒。舉例來說，以自己不懂理財為由，絲毫沒有改善財務的打算，又或者你不願意做好理財規劃，每次有人提起這件事，你就惱羞成怒。

反向作用

外顯的感受、衝動或行動，完全跟現實狀況相反，例如面對自己討厭的人，卻裝出親切的樣子。以財務為例，你擔心錢不夠花，卻因為自卑感作祟，花大錢請朋友吃飯。

你有上述這些情況嗎？如果有的話，該拆穿自己的謊言了！詢問親朋好友的意見，請大家幫助你擺脫防禦機制，比如你的另一半或好朋友。再來，試著尋求專業的協助，包括心理師、個人教練、諮商師、諮詢師、督導、人生導師或顧問，聽這些人的忠言逆耳，可以穿越防禦機制，過著有意識的生活。

卸下心防（20 分鐘；一輩子的練習）

　　你是否曾啟動上述的防禦機制，把這些經歷寫下來。如果你一時想不出來，不妨詢問你信任的知己，例如好朋友或親人、另一半或心理師。接下來，回答下列問題。

- 你如何利用防禦機制，合理化你的行為或決策？
- 這些行為或決策對你的心理健康或人際關係有什麼害處？
- 你的財務問題該不會是防禦機制（例如否認）造成的吧？
- 假設你卸下心防，會不會扭轉事情的發展呢？

注意心理健康，可以拯救財務！

　　所謂的自我覺察，也包括覺察心理問題，例如有沒有濫用物質或成癮。每個人都有心理問題，這就跟生理疾病一樣普遍。人生中難免會面臨壓力、自尊低落、突如其來的焦慮或憂鬱、哀痛或失落、事業或人際關係問題。只要有覺察，就可以避免問題惡化。

　　不清楚自己的心理健康問題，或者還沒有設法解決，對於人生中很多面向，勢必會造成傷害，包括財務在內。反之，認清自

己有哪些心理問題，才會盡量去處理和控制，讓自己活得更幸福成功。

　　先天遺傳基因變異可能導致你面對壓力時，容易罹患焦慮症或憂鬱症等。例如，成癮跟遺傳脫不了關係，遺傳因素所占的比重高達 40～60％[8]。你可能礙於羞愧、家醜、汙名，不太清楚家人的心理問題或成癮，但是仍要打破這些限制，跟你所愛的人展開誠懇的對話，大家坐下來聊一聊，有哪些家人深受心理問題或成癮所苦，深究神經結構對壓力的反應。

　　壓力可能會觸發或加劇心理問題，例如焦慮、憂鬱和飲食失調。壓力的原因很多，舉凡標準太高、工作和生活失去平衡、生病、有親屬要撫養、家庭和工作的責任、人生巨變、失落、人生轉換或意外事件。唯有搞清楚自己承受多少的壓力，才會主動選擇健康的人生，為自己減輕壓力。成功管控壓力，可以提升幸福感，改善財務狀況。

　　我的個案有一天突然想通，她之所以會有心理問題，是餐飲業工作造成的。她不僅要輪夜班，就連週末也要上班。餐飲業落實排班制，害她無法在固定的時間睡覺、運動或社交，她痛苦難耐。工時不固定，沒什麼福利，所以她一直是個月光族，她還要治療心理問題，服用抗憂鬱藥，花光了所有積蓄。最後她選擇把心理健康擺在第一位，辭掉餐飲業的工作，找一份朝九晚五的行政工作。她自己做得開心，還有固定的工時和休息，這份工作提

供穩定的薪水和醫療保險，讓她應付基本開銷之餘，還可以存一點小錢。做了一陣子後，她升為執行助理，不但加薪，工作和生活也維持健康的平衡，人生美滿。

身體健康問題可能會影響心理健康，例如頭腦和腸道健康互有關聯，所以你吃的食物和心情大有關係。飲食不良、睡眠不足或運動不夠，都會引發或加劇心理問題，反之，維持健康的生活習慣可以改善心理健康[9]。體內荷爾蒙變化和甲狀腺功能，對心理健康的影響也很大。值得注意的是，許多藥物的副作用也會危害心理健康。

情緒問題可能降低你在職場或家庭的生產力，導致你破財。我做心理諮商這些年，看過不少憂鬱症患者的例子，因為生產力低落，遭到公司減薪，甚至慘遭裁員。我有的個案罹患狂躁症，遲遲不接受診斷和治療，債務節節攀升，其中一位女性光是在週末，就買了一匹馬、一輛車和一艘船，這些商品都超出她的財力範圍。她很氣自己的丈夫，大家有注意到嗎？她買的每一樣東西都是交通工具，可見她真的很想逃離她丈夫。

我跟個案第一次見面，總會先詢問對方有沒有憂鬱症，大多數人都說**沒有**，可是當我繼續追問，有沒有脾氣暴躁、懶得做快樂的事、睡眠或食慾不穩定、疼痛、自我價值感低落，答案卻是**肯定的**，可見大家並不清楚，那些都是憂鬱症的症狀。大家誤以為憂鬱症會莫名想哭或想自殺，卻沒想到憂鬱症在不同的人身

上，會有不同的表現方式。所以，平常要多認識情緒健康問題。

創傷對每個人都可能有影響。創傷是令人不安的事件，以致身體和心靈難以消化，造成情境再現、做惡夢、憂鬱或焦慮。大家總是誤以為，創傷是老兵或強暴受害者的專利，實則不然，那些人經歷的是大創傷，但每個人都經歷過小創傷，例如失業、分手、意外或受傷，還有很多人經歷過其他大創傷，例如虐待、忽視、暴力、種族歧視、生病、天災等。

我們要尊重並處理這些創傷，因為創傷會織成網，互相牽連。新創傷會勾起前一個創傷或「本源」創傷，讓我們回憶起那些還沒化解的念頭或感受。例如，我有一位個案在過馬路時遭到來車衝撞，找我做心理諮商。雖然她身體康復了，但這場意外勾起她兒時受虐的感受，那是她塞在心底角落的記憶。從此，她就失眠了，內心極度焦慮，無法專心工作。她只好分段休假，每當她感覺自己不太好，就給自己放個假。經過治療後，不到一個半月，她就回歸正常生活，照常工作。

個性特質，例如有強烈的掌控欲，想成為目光焦點，都可能在職場和家庭碰釘子。每個人會因為自己的個性，肩負不同的優勢和挑戰。個性也會影響人際關係和財務。心理諮商或自我反思確實會更清楚自己個性有哪些問題，進而發揮強項，修補弱項。

依附模式原理很簡單，我們會如何開啟、維持和結束關係，主要是源自我們跟主要照顧者的依附關係。依附模式大致分

成三種：逃避型（避免連結和親密）、焦慮型（對於要不要跟別人連結，內心拿不定主意，模稜兩可）、安全型（強烈的自我意識，可以跟別人保持穩定可信賴的關係）。逃避型和焦慮型的依附模式，可能會破壞家裡或職場的人際關係。認清自己的依附模式，設法化解背後的癥結，有助於建立更安全的依附關係。

各種心理問題都有各自的症狀，下面列出幾個常見的跡象，值得大家留意[10]：

- 過度擔憂、恐懼或不知所措。
- 難以學習、專注或保持平靜。
- 長期有強烈的暴躁情緒或怒氣。
- 迴避朋友或社交活動。
- 難以理解別人，無法跟別人建立關係。
- 無法感知自己的感受、行為、個性的變化。
- 過度濫用物質，例如濫用藥物或酗酒。
- 多重生理病痛，卻沒有明顯的病因。
- 自殘，或有自殺的想法。
- 無法完成日常活動。
- 超害怕體重增加或者超在意外表。
- 做出嚴重的冒險行為，傷害自己或他人
- 心情、行為、個性、性衝動、飲食或睡眠有劇烈改變。

近兩成有心理問題的人，同時也會濫用物質[11]。如果你有心理問題或成癮的症狀，盡快到專業心理機構就診。如果你確定有心理問題，有濫用物質的危險，直接打電話給 119、前往附近醫院的急診室或者打電話給自殺防治熱線。快點採取行動，不要拖，尋求你需要和應得的協助。

檢測心理健康（20 分鐘，一輩子的練習）

回答下列問題，把答案寫在筆記本上：

* 你們家族之中，有沒有心理疾病、物質濫用或成癮的病史？你有沒有這些問題的遺傳潛在特性？
* 你有沒有什麼危險的徵兆，透露出你可能有心理問題？
* 有沒有人擔心你濫用物質或成癮？
* 心理健康、物質濫用和成癮，是否傷害到你的工作或財務？如果有的話，是怎樣的傷害呢？

你已經做完心理健康檢查，現在來評估財務狀況，否則財務出問題，可是會影響人生各個層面喔！第一步就是管理預算，我

知道你可能會遲疑，就像我每年做健康檢查，超害怕踏上體重計，可是每個人都要有理財意識。我會一路陪著你，讓你輕鬆做好預算管理！

財務健全大補帖：六步驟輕鬆管理預算，提升理財意識

當你開始覺察自己的財務現況，就會有所謂的理財意識了。反之，不願意面對財務現況，就是一種否認的心態，例如不看生活開銷單據或信用卡帳單，不清楚自己的債務、利率或信用評比。

要克服否認的心態，最好的方法是設定預算，每個星期或每個月確認一次。我的理財規劃師比爾說過：他那些最幸福的客戶，都是量入為出。他分享六個簡單的步驟，幫助大家設定預算，分別是：

- 收集個人帳單
- 計算所有的收入來源
- 列出每個月的開銷
- 區分固定開銷和變動開銷
- 把月收入減掉月開銷
- 定期評估預算

下面是我設計的檢核表，開始吧！

做好預算管理，隨時確認現況

（如果財務不夠健全，要盡量多做；一輩子的練習）

下面的檢核表，分成六大步驟，你只要按部就班，就可以輕鬆設定好預算[15]。一次只執行一個步驟，每完成一項任務，記得打勾。我建議在電腦新增電子表格，方便後續追蹤，適時做調整。對了，如果有一些事項不適合你，例如你沒有學貸，那就直接空白。

步驟一：收集個人帳單（這有助於你完成步驟三「計算月開支」）

- 銀行對帳單
- 信用卡帳單
- 學貸對帳單
- 其他貸款
- 投資帳戶
- 水電帳單
- 手機帳單
- 其他跟月收入和月開支有關的資訊

步驟二：計算所有的收入來源

- 薪資：一般上班族的薪水會自動扣稅，以實際拿到的淨收入為準。自營業者記得要扣除大約 20％稅額，才是實際拿到的淨收入。
- 副業：你可能有在 Uber 兼差，經營 Airbnb 或者販售保健產品。
- 臨時工
- 紅利
- 其他

步驟三：列出大概的月開支（步驟一的個人帳單可以幫助你計算月開支）

- 租金或房貸
- 養車費用
- 日常用品
- 汽車保險
- 娛樂
- 健身房會員或健身課程
- 償還貸款
- 退休或教育儲蓄基金
- 專業公會會費（加起來，除以 12 個月）

- 慈善捐款（加起來，除以 12 個月）
- 度假和生日禮（加起來，除以 12 個月）
- 其他

步驟四：區分固定和變動的開銷（列在你的電子檔案中）

固定開銷是必要的，每個月大致不變：

- 房貸或租金
- 保養車費用
- 第四台或網路費
- 其他

變動開銷會隨著月分波動：

- 日常用品
- 外出用餐
- 信用卡費
- 購衣費用
- 家庭購物
- 其他

步驟五：把月收入減掉月開銷

　　如果數值為正，代表你的財務狀況還不錯，你平常就懂得管控預算，有餘裕支付信用卡帳單、學貸、房貸，或存款買房，儲

蓄退休基金。如果數值為負，你恐怕要做一些調整了，例如多接一點工作，找薪水更高的工作或者減少變動開支（例如避免外食，少去昂貴的髮廊、按摩或酒吧！）

步驟六：每週或每個月定期評估預算

定期評估預算，確保你量入為出，常保財務健全，例如每個週六下午，養成仔細對照預估開銷和實際開銷的習慣（跟另一半一起做，如果有共同生活的話），你會發現自己哪裡做得好，哪裡還需要改進。依照經驗法則，固定開銷大約占收入的 50%，變動開銷大約占 30%，至少有 20%要存下來 [16]。

現在你寫完檢核表，就是踏出理財的第一步！有沒有驚人的發現呢？有些人在管理預算的過程中，會覺得慚愧、恐懼、焦慮或抗拒。有些人會感到憤怒或暴怒，因為自己的種族、性別或移民身分，並沒有賺到應得的薪資。這些情緒都很正常。我鼓勵大家尊重這些正常的感受，向別人尋求協助，然後度過難關。我自己也討厭管理預算，因為會引發焦慮和羞愧，可是我關心自己，在意自己的財務，所以要克服這些缺陷，提升理財意識。我鼓勵大家也這麼做。花錢不超過預算，並非一件容易的事，但只要弄清楚自己的財務狀況，長期下來，就會開始累積財富。

　　你對於自己每天的生活，到底有多少覺察呢？如果要覺察自己的財務狀況，最好要練習管理預算。下頁的「覺察力自我評估表」，整合第二章介紹的覺察力，你對人生哪些層面特別有覺察力呢？第 105 頁這張圖一目瞭然。

自我評估表（20分鐘）
覺察力

日期：＿＿＿＿＿＿＿＿＿

依照下列評分標準，在每個問題的空格，填入你的自評分數：

不佳（1～3）、尚可（4～5）、良好（6～7）、極優（8～10）

不良			尚可		良好			極優	
1	**2**	**3**	**4**	**5**	**6**	**7**	**8**	**9**	**10**

自我覺察：你是否清楚自己的個性、強項、需要成長的地方以及你對別人的影響？＿＿＿＿

關係角色：你是否清楚自己在團體中（包括家庭和職場），通常扮演何種角色，反覆何種模式？這對你的財務健全有什麼影響？＿＿＿＿

無意識的合約：你能不能覺察沉默的協議？這些協議對你的心理健康、工作和財務有什麼影響？＿＿＿＿

防禦機制：你是否清楚自己的防禦機制（例如否認、理性化或投

射）何時會啟動，對你的幸福或富足造成什麼傷害？＿＿＿＿

物質使用： 你是否清楚自己在依賴特定的物質（包括咖啡因、糖、酒精、娛樂、處方藥、毒品）？這件事對你的心理、生理和財務有什麼影響（提醒一下，你有在使用這些物質，不代表你就在濫用或亂用，除非你已經衍生各種問題）？＿＿＿＿

成癮： 成癮包括濫用物質或者有強迫症的行為，且持續了一段時間，已造成長期傷害。成癮是可以治療的慢性病，這牽涉到腦部、遺傳基因、環境和個人生命經驗[1]。你心裡是否清楚，自己對藥物、酒精、購物、遊戲或性愛的成癮行為，已經傷害到你的財務？＿＿＿＿

創傷： 你是否清楚自己的創傷經歷，包括財務方面的創傷？這些創傷對你的心理和財務有什麼影響？＿＿＿＿

依附模式： 你是否清楚自己的依附模式？這些依附模式對你的關係和財務有什麼影響？＿＿＿＿

壓力源： 人際關係問題、財務問題、失落、截稿壓力、專案計畫、安排假期，都有可能提高你的壓力源，傷害心理健康和工作生產力。你是否清楚自己的壓力源呢？＿＿＿＿

身體健康： 你是否清楚自己的身體狀況？身體狀況對你人生其他

層面有什麼影響，例如心理和財務？_____

心理健康：你是否清楚你的壓力程度和情緒健康，以及憂鬱和焦慮等心理健康問題？_____

理財意識：你是否清楚自己的財務現況呢？你有沒有克服否認心態，量入為出？_____

　　把答案畫在覺察力自我評估練習圖上（如果忘了怎麼寫，可參考第 42 頁「財務健全自我評估練習示範」的範例圖），先從最上方開始填（你在自我覺察的面向是不佳、尚可、良好或極優），在那根輻條做記號，然後再完成其他輻條。等到每一根輻條都做好記號，把小點連起來，變成一個圈。

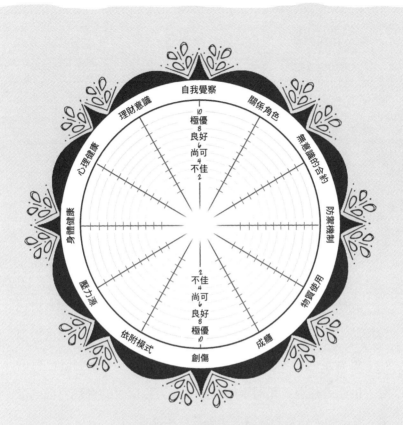

覺察力自我評估練習圖

　　別太在意分數，一定要對自己誠實，這是你要練習的心態，不妨想成你在做運動鍛鍊肌肉。現在來確認你的覺察力，回答下列問題，寫在筆記本上：

- 看一看你的覺察力自我評估練習圖，有哪些「凹陷」特別明顯呢？你可以做哪兩件事來改善呢？

- 看一看你的覺察力自我評估練習圖，你平常不太會注意哪些心理和財務面？

- 你會不會考慮接受治療、找個人教練、找人生導師、接受諮商或培訓，來提升自我覺察呢？

　　記得標註日期，以便長期追蹤，我建議每個月或每一季做一次，你的覺察力會越來越好喔！

　　恭喜你，拿出足夠的勇氣，深入認識自己！誠實面對自己的盲點，知道有什麼地方需要改進，其實需要勇氣。你做得很好！這就是人生覺醒的起點。提升覺察力，不僅對自己有好處，也會造福別人和周圍的世界。如果每個人的覺察力都進步了，會增強人類集體意識，帶動社會的進步。

ch 3

責任

停止責備，掌握你的人生

> 「你做的每一件事，都是基於你做的選擇，
>
> 所以不要怪父母、怪過去的關係、怪工作、怪經濟、
>
> 怪天氣、怪別人跟你的意見不同或者怪年紀。
>
> 你，唯有你，可以為你每一個決定和選擇負責。」
>
> 偉恩‧戴爾（*Wayne Dyer*），
>
> 《意念的力量》（*The Power of Intention*）作者

　　我這個人就是成就導向，愛取悅別人，應該還滿負責任的吧？我還沒深入觀察自己之前，確實是這樣想的。我事業剛起步時，無論別人交付我什麼任務，我都會**接下來**，如果有幫得上忙的地方，赴湯蹈火在所不辭，於是我的職位越來越高，除了有豐厚的金錢報酬（例如加薪或紅利），也承擔越來越多的責任

（例如管理整個團隊，或負責好幾個專案）。等到我變成全職的自營業者，我把事業的成敗和財務全部攬在自己身上。後來我創立安美城心，攬下了更多責任，為旗下的心理師提供辦公空間、案子轉介、行政和帳務協助。

安美城心草創期間，我記得有一位個案為了事業來諮商，她討厭在大公司工作，卻不想承擔創業的辛苦。我們談到創業要付出代價，她問我：「我想確認的是，我是不是要自己訂購辦公用品，親手組裝家具，打電話招攬新客戶？」我頓時想起，我創業初期，她提到的每件事，我全都做過！我訂了一大堆面紙，準備放在諮商室。我還自己組裝燈具、書櫃、茶几。我不禁納悶，我和她兩個人，到底誰才是笨蛋？承擔多一點責任，金錢報酬也許會增加，但是我得付出什麼代價呢？

我犯下一些大錯，放棄有益健康的選擇。我所承擔的責任，超出心理諮商師、老闆、妻子和母親該承擔的範圍，犧牲了我自己的健康和幸福。我出現嚴重的過勞症狀，包括精疲力竭、自我耗損、對工作有負面看法、專業表現退步（這些都會傷害財務的健全）[1]。

我二十幾歲接受心理諮商，老是怨懟我母親，怪她批評我，傷害我的心，原來我一直陷在受害者模式，無法透過寬恕放自己自由。我三十幾歲去接受心理諮商，幾乎都在怨懟我的前夫，怪他把太多重擔丟給我，我忘了自己可能也有錯，我應該為

自己的健康和幸福負責。我的合夥人離開後，我的世界瞬間崩潰了，我選擇為自己人生的每個層面都負起責任，包括我的個人目標。我不只負擔我在家裡和職場該完成的任務，我也好好經營人際關係，平衡工作、事業和家庭。我不再怪別人，而是為自己負起全部責任，於是我的人生和事業都開始蛻變，蓬勃發展。為自己和自己的幸福負責，真的很有力量！這改善我的人際關係，因為我會為自己負責（自重），也為別人負責（正直）。

治療小站：療程三（20分鐘）

　　歡迎再度光臨我的辦公室！這次我們要聊一聊，你有沒有為自己的人生負責呢？回答下列問題，寫在筆記本上：

- 你在哪些人生層面有負起責任，努力讓自己致富？
- 關於致富這件事，你覺得還有什麼層面，沒有為自己負起責任？
- 你有沒有逃避責任或攬太多責任的問題？這對你造成什麼影響？
- 以前你人生不美滿，面臨難關或阻礙時，習慣把過錯怪到誰

身上呢？

- 如果你願意為自己、環境和財務負起更多責任，你會有什麼感受？對你來說，這麼做有什麼困難呢？有什麼潛在的好處呢？

現在檢查你的答案。你有沒有怪別人或找藉口的習慣呢？自己的人生，卻不自己扛。如果有這些情形，今後要為自己負責啊！

人生有苦有樂，你要如何面對，操之在你的手中！

幾年前，我跟我姊寶拉說，我好愛偉恩・戴爾的書（本書第三章的開頭就是引用他的話）。我姊竟然回答我：「是喔，他是我駕駛教育課的老師。」

「他*怎麼可能是*妳駕駛教育課的老師！我說的偉恩・戴爾，可是全球知名的作家和演說家！」

為了證明寶拉說錯了，我馬上 Google 搜尋「偉恩・戴爾」，他竟然真的是寶拉駕駛教育課的老師。偉恩剛出社會時，在密西根的高中當過輔導老師，剛好是我姊就讀的高中，這樣看來，他當年確實教過駕駛教育課！

偉恩的父親酗酒，在偉恩三歲時就拋家棄子，因此偉恩生長

的過程中，住過好幾個寄養家庭和孤兒院。即使他成為作家，也並非一帆風順。他曾經有一段日子，把書本放在後車廂，開著車到處推銷和爭取媒體曝光[2]。他人生這麼辛苦，卻依然認為，每個人都要為自己負責，我聽了印象很深刻。人生有苦有樂，機會就掌握在每個人自己手上。你無法掌控境遇，卻可以掌控你應對的方式。做諮商這些年，我看過有人揮霍福分，也看過有人勇敢克服了逆境。

我的個案卡爾在四十五歲左右，已經是成功的企業主管，無論衣著、談吐或專業能力都可圈可點。我們初次會面時，卡爾說，他在人生不同的階段都曾經向心理師尋求協助，他覺得很有效。現在這個時期，他正要規劃新事業，所以再來諮商。我做了初步評估，馬上發現卡爾有很多優點。他懂得自我反省，具有洞察力，對心理治療很了解，他知道該如何誠實認識自己，也願意這麼做。他人生圓滿，跟別人保持良好關係，經常出遊，也有烹飪和繪畫的嗜好。

我問起他的過去，他的回答令我意外。他的父母對藥物成癮，還會虐待小孩，在他十六歲的時候宣告破產。他離家之後，搬到加州去，成了衝浪迷，白天教衝浪課，晚上開派對，過著漂泊的生活。這樣過了幾年，有一天他頓悟了，如果再繼續這種生活模式，絕對會步上他父母的後塵，陷入成癮、不幸和財務困難。他選擇為自己的未來負責，創造更美好的人生。他負起責

任，努力工作，累積財富，而不是任由自己過著原本的生活，傻傻期待成功會平白降臨。所謂負起責任，包括繼續進修，為事業目標打拼，清楚自己的財務，懂得理財，償還債務，如此一來，他才有錢進修、買房等。

「哇！太厲害了！你怎麼辦到的？」我問。

「我別無選擇啊！我不希望自己的人生跟我爸媽一樣。我負起責任，努力工作，回學校唸書，接受心理治療，每天都在經營自己。」他跟我分享。

我們諮商的過程中，卡爾很清楚童年創傷對他的影響，卻沒有因此怪罪父母親。他把焦點放在自己身上以及他每天可以做什麼努力，讓自己不斷的進步，難怪他會持續成長，締造更多豐功偉業。我偶爾想起來，還真希望自己有卡爾的決心！這故事告訴大家，沒有什麼神奇藥丸可以解決一切。如果想過更好的生活，獲得更多的財富，一定要負起責任，努力做點什麼事。

致富之路，對於特權人士（主流群體的人，例如主流的種族、宗教或社經地位等）確實比較容易。社會偏見和不公平待遇，諸如種族歧視、性別歧視、同性戀歧視，都可能妨礙我們追求財富，對邊緣人士來說並不公平。邊緣人士必須比特權人士多一分努力，才能夠爭取到個人幸福和財富健全。如果你遭受社會的歧視，難免會感到憤怒、害怕、無力、沮喪，甚至覺得毫無希望。

做諮商這些年，我會尊重個案的經歷和創傷，探討這些過往對他們情緒、關係、靈性和財務有什麼影響。**心理諮商師會幫助個案去深度療癒，提升自尊、力量、豐盛思維和自信溝通。**我看過很多勇敢的個案，深受感動，他們克服逆境，成為最勇敢和最美好的自己，最後收穫滿滿，當然也包括財富。

依照心理學理論，「控制感」（locus of control）是我們自認為相對於外力，對人生的掌控度有多大。以財務為例，**即使出身貧寒，或者財務還不夠健全，內心能否相信，自己有一天會變富有。讓自己成為內控者，把掌控權放回自己手上，是很有力量的一件事，還會提升自尊**[3]。

敘事治療是一種治療手法，把個案和心理問題區隔開來，有助於培養內在的掌控力，把自己看成人生故事的主角，同時也是自己人生的編劇[4]。每個人都可以決定要當受害者還是要當英雄，完全看我們如何詮釋自我和他人。從現在起，好好描述你自己，寫一個富足的人生故事吧！

編寫美好的未來（20 分鐘）

　　回答下列問題，寫在筆記本上：

- 寫下你人生的十大挑戰，包括財務困難。

- 翻開筆記本下一頁，寫下你人生的十大福分，包括才能、天賦、支持或資源，其中有一些福分，可能源自於挑戰，記得標示出來，例如你為了生存而願意拼命工作。你如何善用自己的福分，創造更幸福和富足的人生呢？

- 為自己編寫美好的未來！規劃你未來五年的人生，鑑於你個人的福分和強項，想像你未來的生活和財務，會如何大鳴大放。

- 當你為自己負起責任，對未來發展有什麼幫助呢？

憤恨把我們綁在過去，但只要負起責任，就可以自由向前走

> 「說真的，唯有寬恕自己，寬恕你所面對的一切，
>
> 相信一切都過去了，否則你不可能向前走。[5]」
>
> 琵艷卡・貝加德（*Priyanka Bagade*），作家

　　憤恨是加強版的憤怒，把我們綁在過去，動彈不得。每當人生不美滿，財運不順，就開始怪罪別人，這等於把自己幸福的掌控權交給別人。多做寬恕的練習，勇於在自己能夠掌控的範圍內承擔責任，就可以離苦得樂。有一份長達十年的研究證明寬恕的行為確實管用，可以化解遭人背叛的怒氣，緩和憂鬱和焦慮，恢復內心的平靜[6]。負責任，練習寬恕，不為別的，只為解放自己。

　　有些人以為接受心理諮商，就是把自己的痛苦怪罪給父母或過去。事實上，我們必須坦承，早年的經歷確實有影響，但我們仍要負起責任，靠自己的力量向前走。

　　我的個案蘇菲亞離婚後，面臨財務危機，很氣她的前夫。她有將近一年的時間，趁諮商的時候一股腦兒抱怨她前夫，眉頭深鎖。她身上背著卡債，一直是月光族，沒有絲毫積蓄。這是離婚婦女常見的遭遇，可是她離婚到現在，已經將近 15 年了。後來

蘇菲亞再婚，諮商的時候，卻依然花很多時間抱怨前夫，不怎麼關注她目前這段婚姻。她有大學學歷，卻一直在打工，做資料登錄的工作，薪水只比基本薪資高一點。她賺的錢不多，對目前的婚姻關係不滿意，一直陷於受害者的自我敘事中。

蘇菲亞耿耿於懷，完全沒想過她可以選擇放下。研究調查顯示，如果像蘇菲亞一樣懷抱受害者心態，覺得人生不是自己能掌控得了，於是積壓怒氣在心底，行為始終改變不了[7]。寬恕的前提是先放下，但蘇菲亞不打算這麼做。可是，誠如演員嘉麗・費雪（Carrie Fisher）所言：「憤恨就好像喝著毒藥，卻奢望這麼做會殺死敵人。[8]」

蘇菲亞的情況並非單一個案，自從我當了心理師，看過不少人把時間和心力全浪費在他們掌控不了的事情上，例如別人的想法、行為、選擇、行動或結果，於是原地踏步，動彈不得，因為每個人能掌握的，只有自己的想法、行為、情緒反應、選擇和行動。我會透過諮商協助個案認清是不是有太多能量都浪費在控制不了的事物上，我鼓勵個案練習接納，放下這些擔憂。

要改變心態很難，我自己也是做不好接納和寬恕，尤其是說到我之前的合夥人。我們拆夥一年後，她傳訊息給我：「我突然想起，我欠妳一聲抱歉。」一個禮拜後，我們約好一起吃中飯。她當面跟我道歉，說她離開得太突然，留下爛攤子給我，我原諒她了。幾個月後，我得知有一筆保險公司的款項，竟然在我

們拆夥後，匯到她的個人帳戶。這筆款項高達 16 萬美金，應該要匯給安美城心，卻匯給了她。我跟她提起這件事，她竟然聲稱不知情，說她早就花光那筆錢了。我頓時覺悟，我們兩人的關係並不健康，該是互道珍重的時候了。我想到安美城心的內部團隊沒發現這個錯誤，就覺得很懊惱，但心想我才是執行長，這件事就到此為止吧！我必須扛起這筆損失，繼續向前走。

保險公司為了搞錯稅務識別碼的事情而道歉，並補償我 1.5 萬美元，前合夥人也在聲請破產之前，曾經支付我 1.5 萬美元。就算請律師，我也不可能拿回剩餘的 13 萬美元，更何況我也沒錢請律師。現在想到這裡，我內心依然激動，但我堅持要想起她，一遍又一遍告訴自己「我已經原諒妳，赦免妳」，直到我的負面感受都消失為止。她離開之後，我因為克服挑戰而獲益良多，這絕對超過金錢的價值，我選擇把注意力放在這裡。

我現在想到這件事，內心已經平靜了嗎？不！

我難道希望這件事傷害我的健康，迫害我的心理嗎？不！

把過錯怪到別人或自己身上都於事無補，反而會一直自怨自艾，所以我練習接納，負起我自己的責任，選擇寬恕。

我的個案桑默，有一段超乎想像的創傷經驗。她小時候經常被父親強暴，被母親情緒虐待和忽視，但是她不讓自己受制於此，她決定成為一個小大人，為自己的未來負責。後來，她透過展現工作能力，購買房地產，打造自己的家，建立自己選擇的家

庭，她覺得自己是有力量的人。她活出精彩的人生，現在五十歲的她，心裡正體驗著「狂喜」。

蓋瑞・巧門（Gary Chapman）說過：「寬恕不是感覺，而是承諾。9」做出這個選擇，需要投入和練習。下面是我關於寬恕的技巧：

- 想想看你面臨的處境，有多少是你自己造成的？
- 練習對別人慈悲，因為大家都是凡人，都可能犯錯。
- 練習感恩，感謝這段經歷帶給你的功課和恩典。
- 當你發現注意力放在過去和負面敘事上，立刻把焦點和能量拉回當下。
- 透過呼氣，呼出傷害和負能量，釋放給更高的力量（例如神、宇宙、愛與光）。
- 想像你被愛與光的泡泡球包圍，誰也無法傷害你。
- 記住了，你在人際關係中，有責任照顧好你自己，設定人我界線，包括動用你終結這段關係的權利。
- 提醒你自己，當你選擇寬恕，才能夠前進。

既然你開始練習寬恕了，現在從另一個角度切入吧。你在關係中，究竟扮演怎樣的角色呢？

對自己的人際關係負責

　　人生要成功，一定要好好經營人際關係。我們需要強大的人脈，作為追求個人和事業成功的後盾。生活中的人脈助我們一臂之力，讓我們在事業發光發熱。職場上的人脈也很重要，幫助我們學習、升遷、提高生產力。

　　要改善人際關係，一定要勇於負責，例如情緒沒有控制好，犯了錯、做出錯誤的選擇，那就改進自己難搞的個性，坦白承認錯誤，這樣會加強彼此之間的信任，化解人際衝突，甚至預防衝突發生。做生意跟別人起衝突，可是會付出龐大的代價，例如失去顧客、留不住員工、白白浪費時間、對簿公堂。正因為如此，我開設的企業培訓課，主要都在培養大家的情商、多元文化能力、溝通技巧、衝突化解。搞好人際關係，需要付出心力和注意力。

　　對自己的人際關係負責，有一個好方法，就是把「你」字開頭的句子全部換成「我」字開頭。這是完形治療的技巧，為自己的感受或缺陷負責任，不怪罪別人，以免啟動防禦機制 10。下面的例子，以負責取代咎責：

咎責	負責
「你做事有夠慢！」	「我擔心在截稿日之前來不及完成。」
「你說得不清楚！」	「我不是很明白。」

卸責	負責
「你要負責處理！」	「我對於數位組織不太熟，很感謝你的幫忙。」

　　另一個方法是承認自己有錯。這不是在示弱，反而會節省時間和心力。有關組織心理學的研究文獻已證實「真誠道歉」是管用的[11]。下列是真誠道歉的祕訣：

- 越快越好。如果當下的場合不適合道歉（比如正在開會），那就儘快私底下找對方聊一聊。如果你當下沒發現自己有錯，後來一發現錯誤，記得馬上道歉。

- 最好是面對面道歉，因為看著對方的眼睛，承認你做錯事，絕對更需要勇氣。再來是用說的，畢竟用寫的道歉，少了表情或音調等非言語線索，恐怕會造成誤解，除非別無選擇，再考慮用寫的。正式一點的道歉信，會比電子郵件或簡訊更好！如果是寫電子郵件或簡訊，要記得當面或打電話追蹤後續。

- 表達自責。由衷展現你做錯事的懊悔，一定要跟你做錯事的嚴重性成正比。

- 認錯，真正的道歉，必須說出你做錯什麼事；「很抱歉，讓你有這種感覺。」這不是真正的道歉。

- 承認你造成的傷害。讓對方明白，你知道他受到傷害了。

- 既然傷害造成了，向對方說明你會如何修補，而且說到做到。
- 明確表示你不會再犯相同的錯誤，盡可能做到。

　　對關係負責任，是正直的展現（包括符合倫理道德、誠實、說到做到），即使要承認錯誤或自認有愧，也在所不惜。當企業領袖展現高度的正直，他底下的團隊往往會更賣力，表現更出色 12。對自己誠實，是一切的根本。

誠實看待自己（10 分鐘，一輩子的練習）

　　回答下列問題，把答案寫在筆記本上：

- 關於你的個性，有哪些層面特別難搞呢？為什麼？這對於你的人際關係、事業和財務有什麼影響呢？
- 你對於這些個性該負起什麼責任呢？未來該如何妥善控制呢？
- 「我」字開頭的句子，對你的人際關係有幫助嗎？你可以怎麼實行呢？

財務健全大補帖：對自己的財務負責

對自己的財務負責，就是管好自己的財務，這件事非同小可，攸關了人生和未來。懂得正確花錢，人生會過得更安逸。

對自己的財務負責，包含以下涵義：

- **主動改善財務現況**：別再把你目前的財務狀況，怪到父母、過去的關係或另一半身上。接納過去發生的一切，寬恕你該寬恕的人，從此以後為自己負責。

- **培養金錢素養**：金錢素養是具備理財知識，發揮理財能力，做明智的財務決策。財務規劃、債務管理、利率計算，都是金錢素養的一部分。我做諮商這些年，深深感覺到，如果其中一個人有金錢素養，另一個人沒有，兩人在關係中的權力和掌控權，恐怕會天差地遠。我建議成年人都要有金錢素養，最好早點開始培養，例如從兒童或青少年就開始。三分之二的美國人，竟然連最基本的金錢素養測試都通過不了，所以啊，如果你缺乏金錢素養，也不用擔心 [13]，不妨閱讀關於金錢素養的書，聆聽有關理財的播客，或者前往當地的社區中心或網路中心，報名金融入門課程，做這些事情都可以提升金錢素養。我特別喜愛蘇西・歐曼（Suze Orman）的個人財務課，這是線上課程，而且價格合理。

- **建立一套理財系統**：你要有一套理財系統，平衡收支，或者使用 QuickBooks 之類的軟體、mint.intuit.com 之類的免費理財網站，都可以連結個人帳戶。運用這些工具讓財務狀況一目瞭然，方便你管理現金流，等到有需要的時候，例如去度假或結婚，就有一筆錢可以花。

- **即時付清帳單**：付帳單不要拖。至於大筆的開銷，用刷卡或借貸的方式結清。努力償還債務，包括你跟別人借的錢。

- **量入為出**：定期確認開銷，不要超出你在第二章設定的預算。

- **繳清中央和地方政府的稅金**：別想逃漏稅。誠實申報收入，乖乖繳稅。

- **為自己的收入負責**：如果你對自己的年收入不滿意，只有你可以改變它，不妨考慮去進修、拿證照、增加工時、要求加薪或開啟副業。如果你不採取行動，收入是不可能增加的。

- **為自己的開銷負責**：三思而後買。不要把花錢的決定怪到別人頭上，因為花不花錢是你自己的選擇。

負起財務責任（10 分鐘，一輩子的練習）

回答下列問題，把答案寫在筆記本上：

- 你覺得是哪個人或哪件事造成你現在的財務狀況？你受到什麼影響？

- 寫下你該負起的責任。對自己誠實，但也要溫柔，你的目標是負責任。

- 從今以後，你要為自己的財務負責，該是奪回掌控權的時候了！你如何管理金錢？你有沒有建立一套理財系統？你覺得管不管用呢？你最近一年內有沒有延遲付帳單的情況呢？有什麼方法可以幫助你為財務負責嗎？例如 QuickBooks 之類的軟體，或者 mint.intuit.com 之類的金錢管理網站。

喘口氣吧！你已經在反省自己了，現在來填寫責任感自我評估練習，測試你有多大的責任心。下面的責任感自我評估表，整合你在第三章學到的技能，測試你對於自己的人生有多麼負責任。

自我評估表（20 分鐘）
責任感

日期：_____

依照下列評分標準，在每個問題的空格，填入你的自評分數：

不佳（1〜3）、尚可（4〜5）、良好（6〜7）、極優（8〜10）

不良			尚可			良好			極優
1	**2**	**3**	**4**	**5**	**6**	**7**	**8**	**9**	**10**

盡本分：你是否願意採取行動，盡本分，在人際關係、事業和財務追求成功？_____

接納：當你面對困難（例如財務困難），可以做到全然的接納，不去怪罪別人嗎？_____

賦能：你是否有力量採取行動，決定你人生、事業和財務的方向？_____

掌握自己的幸福：你能否為自己的態度和幸福負責，不去怪罪別人？_____

寬恕：如果壞事發生了（財務或其他層面），你可以放下憤恨嗎？＿＿＿＿

道歉：如果你犯錯或者做出不明智的決定，而傷害別人、衝擊自己的工作和財務，你願意負起多少責任呢？＿＿＿＿

正直：一個正直的人，值得信賴，十分可靠，例如說到就會做到。你是誠實、道德和真誠的人嗎？你會給自己打幾分？＿＿＿＿

健康的選擇：你會考慮自己整體的幸福，做出健康的決定嗎？＿＿＿＿

金錢管理：關於掌握自己的財務，你是否負責任呢？例如準時償還債務和付清帳單，為你自己的收入和開銷負責。＿＿＿＿

事業目標：關於實現專業抱負，你會給自己打幾分呢？＿＿＿＿

個人目標：關於實現個人抱負，例如健康、人際關係、嗜好和旅行，你會給自己打幾分呢？＿＿＿＿

求取平衡：你是否肩負各種責任，盡量達到平衡？＿＿＿＿

　　把你的答案填在責任感自我評估練習圖上（如果忘了怎麼寫，可參考第 42 頁「財務健全自我評估練習示範」的範例圖），先從最上方開始填，你在盡本分的面向，是不佳、尚

可、良好、極優呢？在那根輻條標出你的分數，再繼續完成其他輻條。等到每一根輻條都評分完畢，把這些小點連起來。

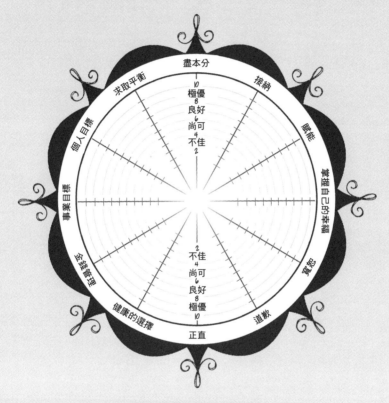

責任感自我評估練習圖

　　回答下列問題，把答案寫在筆記本上：

- 看一看你的責任感自我評估練習圖上，有哪三個「凹陷」特別明顯呢？如果要改善這些層面，你覺得最大的困難是什

麼？

- 該如何克服呢？誰可以幫助你？
- 你可以做哪三個改變，對個人生活和財務負起更多責任呢？

　　不妨每個月或每一季做一次練習，持續培養你的責任感。記住了，只求進步，不求完美！記得標註日期，以便長期追蹤。

　　唷呼！掌握自己的人生，是需要勇氣的。你往後的人生，絕對會越來越富足！作家馬克・曼森（Mark Manson）說過：「錯誤」是過去式，源自你過去做的決定，但「責任」是現在式，源自你現在做的決定[14]。你已經改掉責怪的習慣，不再受困於過去。下一章，我們來練習活在當下！

ch 4
活在當下

好好活在當下，提升金錢意識

> 「花在外在的心思，分一些給內在吧！
>
> 只要內在對了，外在也會步入正軌。」

艾克哈特・托勒（*Eckhart tolle*），靈性導師，紐約時報暢銷書作者

　　我打開車子的警示燈，在路邊違停，我還有十五分鐘就要接小孩放學了，趁這段空檔，趕緊去拜訪一家瑜伽工作室。我穿高跟鞋，一身黑色套裝，飛奔到瑜伽工作室。工作室散發著薰衣草的香氣，柔和的燈光，平靜的音樂，整個氛圍很舒服。工作室的老闆麗莎，漂漂亮亮的坐在櫃檯，姿態優雅極了，一身輕鬆打扮，披著藍綠色喀什米爾圍巾，跟她的眼睛好搭。

　　我簡短自我介紹，說我是心理師，開了一家諮商所。我提議雙方可以互相轉介客人或行銷。我火速說明來意，她一直注視著

我的雙眼，過了好久，她才回我話，勾起我狂躁的神經。「來練瑜伽吧！」她說話的語氣，不像是善意的邀請，更像是命令。我有點意外，但隨即掛上微笑，跟她說聲謝謝，提議在我們彼此的等候室互放傳單。我話還沒說完，麗莎就舉手打斷我：「來練瑜伽吧！」她停頓一下，然後繼續說：「合作的事情，到時候再說。」

　　踏出瑜伽工作室，我心想「天哪，她有事嗎？」然後就趕去學校接小孩。我覺得自己被拒絕了，開始生悶氣，但直覺告訴我，她是我人生重要的老師。往後好幾年，我開車去上班、添購生活用品，或載孩子去才藝班，都會經過瑜伽工作室，我總會暗自決定，等我減掉體重、身材變好、買到適合的緊身褲，再去上瑜伽課。我這樣想有道理吧？

　　合夥人跟我拆夥後，我的壓力指數飆到最高點，我突然想起，冥想和瑜伽對身心有利。我發現自己有忙碌上癮症，已經會干擾我的判斷，於是我決定放過自己，去做瑜伽。我第一堂瑜伽課是陰瑜伽，這是步調非常慢的瑜伽練習，每一個深度伸展動作都維持數分鐘之久，把注意力放在呼吸上，釋放身體累積已久的壓力。每次上完課，我有一種睡了午覺、做完運動、做完心理諮商，甚至是去教堂做完禮拜的感覺！我決定了，每個禮拜都去上瑜伽課，把時間預留好，我的生命彷彿再也少不了瑜伽（說不定真的是這樣！）。我報名每星期一次的正念冥想課程，也順便嘗

試其他課程。等到我越來越投入，我和麗莎便合作交叉推廣活動，這成了我事業的一大助力。

自從我養成做瑜伽和冥想的習慣，我改變好多。我的行事風格從狂躁轉為正念，從追趕轉為接地。我練習正念和行禪，逐漸學會欣賞大自然的美好。我關閉內心的雜念，注意到天空、樹木和花朵的美。我減輕壓力了，整個人更平靜，不隨便發怒，更清楚自己的意圖，隨時可以連結內在的平靜和寧靜。我變得更有力量，可以把工作做得更好。就算我焦慮不安，我也懂得聚焦於呼吸，幫助我自己度過難關。當我活在當下，每一段人際關係都變得更融洽，交情更深厚。

我全然活在當下，對個案的理解更深了。每次諮商前，我會做深呼吸、身體掃描和觀想，放空自己的腦袋和身體。諮商的當下，隨時連結我的呼吸，覺察我的身體感受。只要我活在當下，沒有半點分心，我就能夠覺察言語之外的臉部表情和肢體語言，注意到個案沒有說出口的線索。

練習活在當下，對事業也有利；我的直覺更敏銳了，做出更明智的商業和財務決策，做好高階管理團隊的統御和協調。我的心越平靜，越願意放手，請別人代勞，所以我的事業蒸蒸日上。當我面臨跟金錢有關的抉擇，我會徵詢身體智慧，放下憂慮的念頭。後來公司慢慢步上軌道，我再度憑藉著活在當下，做了至今最重大的決定──出售我的公司。

　　自從我決定出售安美城心，我找了一位商業經紀人，總共有五十位買家表達興趣，八位買家出價，大家不僅有價格之差，還提出不同的交易條件，我必須找到跟我心意相仿的那個人，讓他帶領安美城心，繼續實現使命。

　　我面談潛在買家的過程，就好像在拍《千金求鑽石》（The Bachelorette）約會實境秀一樣，最後會決定要把玫瑰送給誰。這是重要的商業決定，幸好我已經學會活在當下。做決定之前，先讓我自己回歸平靜，刻意保持清醒。我跟潛在買家洽談時，會覺察身體的感受。我記得我與一位買家共進晚餐到一半時，我突然感到反胃，暫時離場。雖然書面資料看起來沒問題，但我就是覺得他不對勁。後來有一次，他竟然開口問我，現在鴉片類藥物氾濫「對業績有沒有幫助」。我的公司是在做好事，幫助別人，而不是靠別人的痛苦來賺錢。他心術不正，我的寶寶絕不會交到他手上！下一位！

　　有一位潛在買家出價最高，他希望我繼續當執行長。可是我真的不想，更何況他有幾個地方，我看了不太順眼。我跟經紀人提過，我覺得他不太尊重女性。經紀人鼓勵我再見一次面，當面問清楚：「如果喬伊絲不做執行長了，你會怎麼做？」這位買家竟然開玩笑說，「不做了？喬伊絲走不了的，如果她要離開，我會用床單把她綁在床上。」果不其然，他有強烈的厭女情結。想買我公司，門都沒有！

過了幾個月，有一位完美的買家出現了，我的頭腦、心靈和直覺都感到，我們一拍即合。雖然成交價低於前幾位買家，但還好我手頭有大量的預備金，而且把公司賣給他，我不僅問心無愧，還可以繼續當股東。我出售安美城心，仍繼續投資母公司，本金在短短三年，就翻了十倍，可見這個最符合我心意的決定，非但實現了公司使命，還創造了大筆財富。

我賣出安美城心，隨即去參加麗莎的瑜伽師資培訓，培訓期間長達半年，一來加強我的瑜伽訓練，二來對我心理諮商和企業培訓的工作有利。瑜伽哲學強調活在當下，一直幫助我做重大的商業和財務決策，我整個人的心理健康也變好了。

治療小站：療程四（20 分鐘）

這個療程運用正念的方法，來提升心理健康和財務健全。回答下列問題，寫在筆記本上：

- 忙碌上癮症對你的人生有什麼影響？
- 什麼會妨礙你活在當下？
- 如果你練習活在當下，對財務有什麼幫助？

> 當你開始連結並信任你的內在智慧，你就會發現，對自己誠實，對自己伸出援手，並沒有想像那麼難。

跳下失速列車

大家都喜歡宣揚自己忙翻天，把忙碌當成榮譽的勳章，尊榮的象徵。大家就這樣困在失速列車上，不自覺加速前進，不顧後果地往前衝，火車可能會故障、發生事故、突然急轉彎。火車從未停下來做定期維護、路線規劃，於是車上每一位乘客忘了活在當下，不知不覺變成行屍走肉。下面的建議，會幫助你跳下失速列車，活在當下：

- **整理凌亂的雜物**：擁有的雜物越多，浪費的時間和心力就越多。針對下列幾個層面，淘汰你用不著的東西，把生活變得更簡單：

  1. **數位**：取消訂閱電子報，避免資訊過載，不妨試試看「SaneBox」程式，它會依照郵件的重要性，自動整理郵件。刪除沒在用的 App，關掉瀏覽器多餘的分頁，取消社群媒體的提醒，為電子郵件和檔案建立不同的資料夾。

  2. **工作**：清理沒用的文件，用碎紙機銷毀。考慮把文件掃描建檔，騰出更多實體的空間。把檔案分門別類，放在不同的文件夾。

3.家裡：根據近藤麻理惠（日本專業整理師）的建議，捨棄你不需要的物品，你多年沒使用的物品，或者無法帶給你喜悅的物品[1]，不妨在 Facebook Marketplace 販售，找店鋪寄售、直接回收或捐給慈善機構（還可以減稅），可依你最省時的方式處理。

4.財務：帳單和對帳單也要奉行環保原則，改採電子模式，並且設定自動轉帳。捨棄無謂的事物，勢必要花一點時間，所以對自己要有耐心，有一點點進步，就為自己慶祝一下！

- **善用美好的早晨**：養成良好的晨間習慣，開啟美好的一天。如果你喜歡把事情安排好，不妨利用前一天晚上，規劃你隔天要穿的服裝或是要吃的營養早餐，就連咖啡機也事先準備好。如果你不是這樣的人，早晨不妨留一點時間，用心照顧自己，做晨間冥想，設定當天的意念，例如「今天要吃得健康一點」、「今天要做正確的財務決策」。

- **把私人和工作的待辦事項分開來**：善用手機的記事本功能或者專案管理 App，把私人和工作的待辦事項分開來，才不會看得眼花撩亂。

- **請別人代勞或向別人求救**：看一看待辦事項，捫心自問「我是做這件事的最佳人選嗎？這件事只有我能做嗎？我喜歡做這件事嗎？這件事值得我花時間嗎？」你不喜歡做的事，盡

量發包給別人做。有什麼地方需要幫忙，就主動向別人開口，不論是另一半、孩子、室友、員工、實習生或店家。

- **排定優位順序和時程**：把待辦事項分成三大類：必須做／非常重要、應該做／重要、可以做／不重要。將待辦事項分成每天做、每週做、每月做、每年做或其他頻率。睡眠和運動這兩件事，記得要納入「必須做」的事項！把這些事項都填入行事曆，設定好提醒功能。至於不重要的事，就毫不留情的刪除吧！

- **避免一心多用**：一心多用，會降低生產力和工作效能，因為你的腦袋要在不同的事項之間切換，很浪費時間，還會徒增壓力[2]。瑣事要集中起來一起辦，例如回信、回語音訊息、付帳單和跑腿。

- **先做最要緊的事**：先完成少數要緊的大事，再來做多數瑣碎的小事。每次有大案子快截止了，我這個人就很奇怪，開始忙東忙西，甚至還打掃房子呢！這種逃避行為，根本毫無生產力，還會徒增壓力。

- **關機**：我們有高達 41% 的時間，都拿來使用科技產品了[3]！練習從科技抽身，下班後、週休二日或度假時，電子郵件就設定自動回覆。練習放下手機，直接關機或開啟「勿擾模式」。享受每一刻的人生體驗，減少時間在社群媒體發文，好好的活在當下。如果你的工作一定要用到社群媒體，記得要騰出關

機的時間，那段時間裡，絕對不看螢幕或電子產品。

- **別把行程排太滿**：忍住把行事曆塞滿的衝動，人生要懂得取捨。凡是有違你的價值觀或目標或害你瞎忙的事情，都要學會說「不」。騰出照顧自己的時間，活動別排得太緊湊，工作和家庭之間要有緩衝。規劃行程要務實一點，給自己緩衝的時間。

- **盡量簡單**：我的超級好朋友謝里林・維蘭（Cherilynn Veland），是一位心理諮商師，著有《停止付出》（Stop Giving It Away），發明一個實用有趣的抗壓法。她建議大家做選擇之前，先評比「每日輕鬆度」[4]。如果會把生活搞得烏煙瘴氣，就給它很低分，但如果會把生活變輕鬆，就給它高分。假設辦公室要舉辦派對，比起單純帶紙巾或紙盤，自告奮勇為大家準備菜餚會比較低分。這套工具可厲害的呢！可以為你簡化責任，避免過度忙碌，超出負荷。每天一大早，不妨問一問自己「我該如何簡化今天的生活呢？」

- **切割工作和生活**：把工作、休閒、親友的時間分清楚，盡量維持平衡，如果不這麼做，工作很容易侵蝕你的生活。

- **準時下班**：下班前十分鐘，清理辦公桌，這樣你明天工作會更有效率。此外，列出明天的待辦事項，你才知道注意力要放在哪裡。回想你今天完成哪些事，好好表揚你自己。

- **設定睡眠鬧鐘**：這鬧鐘不是設在你最理想的睡眠時間，而是

設在前一個小時。前面三十分鐘，將手邊的事情做完，放下電子設備。後面三十分鐘，開始醞釀睡意，例如泡熱水澡紓壓一下，閱讀一些書，做引導冥想，這些事情都會改善睡眠品質。最後別忘了感謝自己，今天完成了這麼多事情。

忙裡偷閒（20 分鐘，一輩子的練習）

回答下列問題，把答案寫在筆記本上：

- 前面教大家如何跳下失速列車，有哪些事情你早就在做了？做了這些事，有沒有更成功呢？
- 你覺得自己有多忙，如果滿分是 10 分，你會給自己幾分？1 分是閒來無事，10 分是忙瘋了。3 分以下並沒有危險，4～6 分還不錯，仍有進步空間，7～10 分有危險。
- 你有什麼方法可以落實「跳下失速列車」？找朋友或同事聊一聊，從下週起，大家騰出時間，互相追蹤進度吧！

歡迎搭乘平靜列車

> 「健康當然比金錢更重要。
>
> 先有健康的身體，才能夠想賺錢的事[5]。」
>
> 山謬・詹森（Samuel Johnson），英國作家，十八世紀最偉大的文人之一

恭喜你，跳下了失速列車，說不定你這麼做，意外的救了自己一命呢！歡迎搭乘平靜列車，你會感到快樂、意念清楚和安心，因為你終於騰出了時間，做預防性維護，還有深思熟慮的規劃。這樣反而有效率，可以為你節省時間和心力，給自己暫停的時間，好好休息一下。在平靜的火車上，列車長是你自己的內在智慧，一路引導著你，順利獲得健康、幸福和富足，你要做的只有一件事，就是保持正念，持續活在當下。

正念在過去幾百年，一直是佛教的思想和修行，後來以「正念減壓」聞名全球，主要是「把注意力和覺察帶到當下的事件和經驗」[6]。做正念練習，會覺察自己何時走神了，把注意力拉回當下[7]。有些人覺得正念太難了，做起來太難受，但這就是練習呀！培養正念覺察，需要好多年的時間，所以要對自己溫柔一點，即使只有一點點進步，也別忘了表揚自己。

正念練習包括呼吸、冥想、身體掃描、漸進式肌肉放鬆、瑜伽等，這對於身體和心靈的好處很多，包括改善壓力調節、抗病

力、疼痛管理，緩解情緒反應，放緩或逆轉腦部退化[8]。根據美國疾病管制與預防中心的資料，正念是美國日益風行的保健趨勢，有在做冥想的美國人，二〇一二至二〇一七年就暴增了三倍[9]。

　　無論在什麼文化或時空，呼吸都很重要，可以連結身、心、靈。當我們把呼吸放慢加深，心就會安定下來，身體會放鬆，把注意力拉回此時此刻。只要你覺察自己的呼吸，跟自己的呼吸連結，就是在培養正念覺察。

　　所謂的冥想，就是跟呼吸連結，暫時擺脫雜念。每個人的心中都有無限的雜念，這會助長壓力和焦慮。電腦重開機會運作更順暢。冥想也是同樣的道理，為身、心、靈重開機，以締造更佳的表現。冥想的時候，如果有念頭突然冒出來，你只要靜靜觀察它，把注意力重新拉回呼吸上。有雜念沒什麼大不了，因為大家都一樣，這時候不妨反覆唱誦一段真言（一個詞或一段話），就像唱歌一樣，給心靈一個焦點，暫時從雜念抽離出來。這樣的冥想方式，可以拉長你靜坐的時間，專注於自己的呼吸上。日常生活中，在洗碗、洗衣服、遛狗、種花草、創作音樂或藝術等這些小事的時候，也可以做「動態冥想」。

　　跟大自然連結也是一種冥想。大自然是科技成癮的解藥，因為世間萬物都活在此時此刻。把注意力帶回你的五感上，注意天空、樹木、花朵、吹拂你臉龐的微風、新鮮空氣的氣味，都可以紓解壓力，讓你平靜下來。盡量多做正念冥想，最理想的情況是

每天做。Calm 和 Headspace 之類的 App，也有提供引導冥想、提醒、追蹤的功能，陪你一起做正念練習。

把正念應用於職場，事業更成功

正念在職場越來越風行了，二〇一六年有高達 22％企業老闆為員工開設正念課[10]。目標百貨（Target Corporation）、Google、安泰人壽（Aetna Better Health）、英特爾（Intel）、陶氏化學（Dow）、美國海軍，都開了正念課，成效卓越[11]。研究調查顯示，企業開設的正念課，有高達三分之二很管用，包括紓解壓力、提升幸福感、提高員工參與度、提高工作滿意度、改善客戶成果[12]。將正念落實於職場，會提高工作的士氣和表現，激發正面感受，增強記憶力和解決問題的能力，改善工作和生活的平衡，改善專注力和注意力，刺激創造力和創新力，增進安全感，做出更符合道德的決策。員工曠職的天數會減少，過勞和離職的情況也會大大改善[13]。

企業正念課的基礎是正念減壓，一九九〇年喬・卡巴金（Jon Kabat-Zinn）提出這套系統[14]。無論是基層員工或主管，都會從正念獲益良多。正念經過證實，會改善溝通、提升關係品質、降低衝突、增進同理心和慈悲心、提升領袖力、促進團隊合作。有些公司設有冥想室或者為員工購買 Headspace 等冥想App。耐吉（Nike）、蘋果（Apple）、高盛（Goldman Sachs）也

花錢開設正念課，以吸引更多人才，這已經是企業關懷員工福祉的象徵[15]！

我已經連續七年為各大企業規劃正念培訓課程。最近我為一家全球五百大企業執行正念培訓，其中一個部門跟社群媒體有關，因為工作屬性的關係，我特別建議他們，比一般人更需要多關機。此外，客服人員的工作涉及人際衝突，格外需要上正念課，學習一些工具和技巧。

每次我引導大家做呼吸練習和簡短的冥想，我都會詢問學員有什麼覺察。大多數人都注意到了，身體本來是緊繃的，做呼吸和冥想之後，身體更舒服了，或者更放鬆。我聽到其中一位學員的心得，滿心驚喜，她說大家一起安安靜靜坐下來，閉上眼睛，呼吸一致，是一種很親密的體驗，她頓時覺得自己跟團隊的連結更深了！就連世界各地的同事，透過視訊參加，也深有同感，後來她那個部門決定了，從此以後，開會前必做一小段冥想，釋放掉所有壓力源，讓彼此同步，並且活在當下。這主意真不錯！

如果公司沒有開設正念課，你還是可以自己做下面這些事：

- 每天開工前，給自己五分鐘冥想時間。
- 無論你是在開會、打電話或通勤，盡量把注意力帶回呼吸上。
- 每小時站起來，伸展一下。迅速掃描身體，伸展筋骨，呼出你體內的緊繃。

- 趁午休時間，外出走走或者跟大自然連結。

- 用餐時，盡量專心。吃得慢一點，品嚐食物的香味和滋味。

- 下班前，做一下冥想或呼吸練習，把工作留在公司，準備好
  回家的心情。

不要沉溺於過去與擔憂未來

「昨日已經過去，明日尚未到來。

我們只有今日，讓我們開始行動吧！[16]」

德蕾莎修女（Teresa），阿爾巴尼亞裔印度籍羅馬天主教修女及傳教士

　　很多人浪費一堆時間，反覆思索著過去，推敲自己做過的選擇，心想要是作法不同，結果會不會改變。《科學》（Science）期刊研究指出，一般人大約有 46.9％的時間都在分心走神，而非專心做手上的事情[17]，比如想著過去已發生的事，或未來還沒發生的事，甚至是根本不可能發生的事！分心走神是要付出代價的。老想著過去的壞事，工作的生產力會下降，自然會影響財務[18]，反之懂得活在當下，專心做手上的事情，通常會更幸福[19]。

　　說到我的個案威爾，一直掛念自己科技公司的財務狀況，深受失眠所苦。他反覆推敲自己過去的決定，擔心未來會大禍臨頭。我建議他活在當下，這樣才有療癒效果。我也鼓勵他做呼吸

練習和冥想，不料他卻取消下次諮商晤談，連續好幾個月，我都沒有他的消息。後來，我們終於聯絡上了，他說：「多虧了最後一次諮商，我這六個月才熬得過來。」我問他：「怎麼說呢？」原來是那次晤談過後，他發現自己癌症末期，整顆腦袋都想著可怕的未來和致死率，完全沒心思照顧妻兒或事業。過了一陣子，他決定要活在當下。

　　他解釋：「我當時沒什麼生命危險，身體也沒有不舒服，大概就跟診斷前差不多。我決定隨遇而安，珍惜每分每秒。我躺在核磁共振的機器裡，不去擔心檢查結果，而是專心聽音樂。」他說的音樂是瑪丹娜演唱的單曲《風尚》（Vogue）。「你信嗎？我心中想的唯獨有《風尚》這首歌。」他擺好姿勢，讓身體跟著音樂走！活在當下，放下他掌控不了的，專注於自己的呼吸，覺察此時此刻。

　　威爾確診癌症後，每天都練習冥想。我很開心跟大家宣布，他的癌症現在已經緩解了。他的事業也大幅調整，斬斷了有害的商業合作。因為活在當下，他改善了自己的健康，也因為罹患絕症，領悟了人生哲理，思緒特別清晰。威爾想到一個比喻，跟正念十分貼切。他說：「從我們出生那一刻，留聲機的鋼針就靠在唱片上，唱片就這樣播放一輩子。如果我們硬把覺察力放在過去或未來，只會刮傷唱片而已，播不出半點音樂。唯有在當下，我們才聽得到人生的樂聲。」

把注意力拉回當下（10 分鐘，一輩子的練習）

回答下列問題，寫在筆記本上：

- 列出你反覆思考的三件往事／三項決定。感謝你從中學到的教訓，針對每一件事，寫下兩個人生體會。試著寬恕相關的人事物，可以幫助你放下。

- 列出你擔心的未來三件事。針對每一件事，列出你能夠掌控的事，還有你掌控不了、不得不放下的事。把注意力放在你掌控得了的事情上。

- 隔天，如果你的心思再繼續飄向過去或未來，一定要主動提醒自己。有這些念頭，沒有什麼大不了，一旦你覺察到了，對自己溫柔一點，只要把注意力帶回當下就夠了。等到你的覺察力變好，自然會放下擔憂。

財務健全大補帖：正念理財，越來越富足

一想到財務，大家就倍感壓力、負面情緒和執念，放不下過去的錯，或擔心未來的危機[20]。有這些負面念頭和情緒，可能會

麻痺理財神經，直接放棄理財。只要活在當下，就會放下對過去和未來的擔憂，立刻採取理財的行動。正念特別適合剛經歷財務危機，想立即提升財務表現的人，因為正念會提升創造力、變通性和適應力，對決策和財務都會有幫助[21]。

養成正念的習慣，也會釐清個人的價值觀，找出對自己真正有意義的人事物，避免衝動行為，例如借錢買一些沒必要的物品[22]。幾年前我憑藉著正念，改變自己的花錢習慣。我以前去市郊開會，總會趁兩場會議之間的空檔，花一個多小時，逛一間家飾店，那間賣場有兩個足球場那麼大，我就漫不經心到處亂逛，最後在購物車放了一堆蠟燭、枕頭、廚房小玩意、兒童玩具等。等到我要結帳，櫃檯排了二十幾個人，眼看會議就快開始了，我必須盡快離開。於是，我滿載的購物車先留在客服中心，打算等我開完會再來結帳。可是開完會，我突然驚覺，我根本不需要購物車裡的任何一件物品。自從這件事之後，**我購物的座右銘是「寧願留著錢不花，也不要買垃圾回家。」這句話一直督促著我，只買必需品，避免沒必要的開銷。**

如果你也想在財務落實正念，下面有幾個建議：

- **每天早晨都要設定理財的念頭**[23]：出門前，先花幾分鐘，連結你的呼吸，覺察身體的感受。為今天設定理財的念頭，如「我會聰明花錢」、「我會招來新生意」、「我要來研究投資和兼職」。

- **觀想理財目標**：釐清你的目標，例如還清債務、儲蓄緊急基金、買房或買車，然後把這些目標擺在第一位。

- **練習正念花錢和決策**：做財務決策之前（如花錢、搬家、換工作之類的大決定），先問一問自己，做了這個決定，會距離你的目標更遠還是更近？向身體智慧討教，感受你的直覺，這比腦袋更管用。正念覺察會確保你量入為出。

- **每天晚上睡前，感謝你自己針對金錢管理，做出明智的選擇和行為**：這會鼓勵你做更多正向的選擇，越來越富足！

零花費練習（7～21 天）

如果你花太多錢了，試試看零花費練習！連續一到三週，不花一毛錢，你會提高金錢意識，還會存一點錢。零花費期間，盡量不使用信用卡，不去購物商場或零售商店，刪除手機上的網購App，不上館子用餐，不買咖啡（自己在家煮），購買生活用品時，只付現金。如果你要送朋友禮物，不妨考慮自己做，或者把你用不到的東西送出去，又或者直接跟朋友坦白，你正在練習零花費。做了這項練習，你會更留意自己有沒有過度花費。

正念花錢（至少維持一週，一輩子的練習）

未來一週，至少連續七天，記錄自己的開銷。每次花錢之前，先問一問自己：

- 花錢購買這項商品或服務，真的必要嗎？如果沒必要，我負擔得起嗎？
- 多了這筆開銷，我距離自己的個人、事業或財務目標會更近嗎？
- 這筆開銷跟我的價值觀相符嗎？
- 這筆開銷符合我的直覺嗎？

一個禮拜後，分析你觀察到的現象，例如你有沒有因為花錢更有意識，把開銷變少了呢？

下面是活在當下的自我評估表，整合你在第四章學到的技能，測試你在哪些人生面向，還要多練習正念。

自我評估表（20 分鐘）
活在當下

日期：＿＿＿＿＿＿＿＿＿

依照下列評分標準，在每個問題的空格，填入你的自評分數：

不佳（1～3）、尚可（4～5）、良好（6～7）、極優（8～10）

不良			尚可		良好			極優	
1	**2**	**3**	**4**	**5**	**6**	**7**	**8**	**9**	**10**

連結呼吸：你會不會經常注意自己的呼吸，連結此時此刻（把呼吸放慢加深，讓自己舒壓放鬆）？＿＿＿＿

覺察身體：你會不會經常覺察身體的感受和感官，把注意力拉回當下？＿＿＿＿

每日冥想：善用手機 App 或筆記本做紀錄，可以幫助你維持冥想的習慣。每天會撥至少五分鐘，做冥想、呼吸練習、祈禱或瑜伽嗎？＿＿＿＿

正念生活：關於有意識的活著，包括正念飲食、選擇環保的產品、預留緩衝的時間、開車不回訊息，你給自己打幾分呢？＿＿＿＿

覺察分心：你會不會覺察自己雜念太多，心有旁騖，注意力分散，沒有好好的活在當下，並且在覺察後，重新把注意力拉回呼吸和身體上？_____

關係：你跟親朋好友、另一半、小孩相處時，有沒有活在當下呢？例如直視對方的眼睛，練習積極傾聽，不看手機或電腦。_____

工作：你會給自己的職場人際關係，以及開會或執行的專注力打幾分？_____

財務生活：關於正念理財，你會給自己打幾分呢？你是否因為正念理財，開始量入為出，不製造無謂的債務呢？_____

一次只做一件事：關於專心做手上的事情，你會給自己打幾分呢？例如關閉電腦多餘的視窗、手機關機或關閉門窗，以免分心。_____

關機：你會不會主動放下電子設備，例如開啟自動回訊系統、「勿擾模式」，甚至直接把手機關機。_____

連結大自然：你會不會經常注意天空、風、樹木或花朵，享受跟大自然同在的美好？_____

直覺：順應內在的羅盤，連結身體的智慧和直覺，或者覺察自己

偶然的念頭或心像。你會給自己打幾分呢？＿＿＿＿＿

　　把你的答案填在活在當下自我評估練習圖上（如果忘了怎麼寫，可參考第 42 頁「財務健全自我評估練習示範」的範例圖），先從最上方開始填（你在連結呼吸的部分，是不佳、還好、良好或極優呢？），在那根輻條標出你的分數，再繼續完成其他輻條。等到每一根輻條都評分完畢，把這些小點連起來。

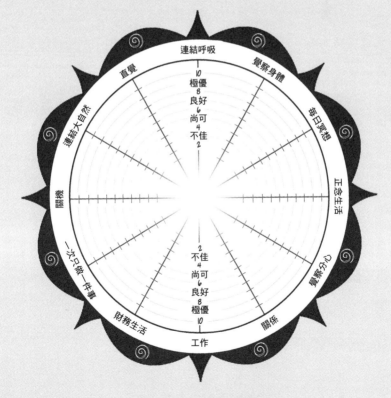

活在當下自我評估練習圖

　　回答下列問題，把答案寫在筆記本上：

- 看一看你的自我評估練習圖上，有哪三個「凹陷」特別明顯呢？有哪幾個層面做得最好？
- 如果要練習活在當下，你可以做什麼努力呢？
- 你可以想出兩個辦法，把正念導入財務生活中嗎？

　　如果你希望自己更活在當下，不妨每星期或每個月做一次練習，以締造更偉大的成就。如果分數低，千萬不要怪自己，大家都還在努力中，所以有進步空間。記得標註日期，然後建檔，回顧你進步了多少。

　　別忘了，不要期待完美。你要做的是擺脫瞎忙，活在當下。

　　練習活在當下，你的健康、人際關係和財務都會改善，你也會跟自己深層真實的自我連結更深。第五章教大家擺脫小我，連結本體，進一步逆轉瞎忙的人生。大家繼續努力吧，這個世界需要你，一定要好好發揮你獨特的天賦喔！

ch 5

本體

小我正在消耗你的財運

> 「順著靈魂行事，你會感覺到一條河緩緩流進你心裡，
>
> 那是一條喜樂的河！」
>
> 魯米（Rumi），十三世紀的詩人，蘇菲神祕主義者，神學家

親愛的小我：

　　我們該聊一聊了。小時候，你還沒占據我的人生，當年的我宛如自由的靈魂，有朝氣、愛玩耍、滿心喜悅，隨時活在當下，連結我的五感，認真過生活，享受照在臉上的陽光。我盡情地跳舞、玩耍、唱歌，不用擔心別人怎麼想，只是單純閃耀自己的光芒。

　　等我慢慢長大，你開始常伴我左右。你是一張面具，侵蝕我的內在光芒。我為了飛黃騰達和討人喜歡，外表和行為都順著你

的意思。人生成就再高，我似乎都不會滿足。你成了我難以承受的重擔。你無盡的擔憂、憤怒和焦慮，害我陷入不安和不幸。我早已受夠了你。我只想好好維持跟愛人的關係。

　　你老是在說壞話，擔心別人怎麼想，希望我去討好每個人，灌輸我錯誤的觀念，讓我誤以為只有壓抑自己的需求和渴望，為別人著想，別人才願意愛我，留在我身邊。你建議我繼續做朝九晚五的工作，困在自己安全的小世界，不要自行創業，以免承受壓力或失敗。我為老闆賣命，工時過長，卻拿著過低的薪水。

　　做了心理諮商，我終於相信自己是有價值的，只可惜變得矯枉過正，你還記得我和合夥人租了一間大辦公室嗎？巨大的辦公室比我們所有員工加起來還要高！你對我說，雖然公司負擔不起，還是要硬著頭皮租下大辦公室，搞到最後我們還真是格格不入！你還記得嗎？租金太貴了，只好放下自尊心，草草結束租約，撤出大辦公室。謙虛承認錯誤，果然很管用，宇宙一定會幫我們導回正途，找到理想的折衷方案。

　　有你相伴的時間太長了，我差點誤以為你就是我。我忘了我的內在光芒，直到有一天，做了正念練習，我終於看見了你。當我連結自己的呼吸，我這才明白心中的雜念，其實是你在喋喋不休。我暫時放下雜念，聽見了我的靈魂之音，連結了我的心。

　　你不是我，你只是我的其中一面。內在光芒才是真正的

我，從今以後，我說了算。我跟內在光芒的連結越深，內在光芒越能夠平靜地引導著我，追求更崇高的使命，賦予生命更多的意義和回報。我還是會需要你的幫忙，例如開會或演講時，讓我更有自信，謝謝你一直陪著我。可是，倘若你升起防衛心，刻意刁難，或擋住我的內在光芒，我絕對會輕聲提醒你讓開。

我的內在光芒閃耀著愛和慈悲，不僅療癒我自己，也為別人照亮前方的路。我跟內在光芒連結的機會很多，比方盡情地笑，擁抱所愛的人，跳舞或做瑜伽擺動身軀，大聲歌唱，接觸大自然，藝術創作，大方跟別人分享。

我越是懷著慈愛之心，用內在光芒照耀我所愛的人，包括我的個案、學生、聽眾，我會獲得的愛和富足就越多。等到這些人受到鼓舞和激勵，有一天突然覺醒了，會有十倍的光芒返照我身上，讓我融入光、愛和富足之流。我的靈魂使命就是要改善心理和財務的健全，以愛和信任為依歸。

小我，你可以放輕鬆一點嗎？我們要做的，只是活出真實的樣子！

衷心感謝！

喬伊絲敬上

治療小站：療程五（20 分鐘）

你過得好嗎？療程五要來覺察小我，以免它破壞你的財務。你要練習連結本體（亦即內在光芒），才會更上層樓！現在開始吧！回答下列問題，把答案寫在筆記本上：

- 我寫給小我的那封信，你讀了之後，有沒有聯想到你自己的小我呢？
- 小我對你的財務有什麼害處嗎？
- 你是如何連結內在光芒，盡情閃耀呢？
- 當你連結內在光芒，會不會讓你更富足呢？該如何加深跟內在光芒的連結呢？
- 假設心理師看到你寫的東西，會有什麼意見呢？
- 你從療程五獲得什麼體會呢？

你已經有好好反省自己！深入認識自己，一定會有回報。

現在要介紹更多的工具，幫助你擺脫小我，連結內在本體。

脫離小我，連結本體

　　人是由身、心、靈所構成。所謂的小我，是我們心目中的自我意識，亦即個人認同，包括我們在人生扮演的角色，以及我們對自己的看法和認知。本體是靈魂或內在光芒，蘊藏著平靜、愛、喜悅和福分。

　　本體和小我的關係，令人想起阿拉丁神燈。本體是精靈，小我是囚禁人的神燈。如果沒有活出本體或真我，就會逐漸跟自己和別人脫節。反之，如果有活出本體，而非順著小我的意思，就不會把職稱、銀行存款、關係狀態或外表看得太重要。越是順應本體，越能夠覺察和控制小我。當我們領悟到，自己能脫離小我的桎梏，就會以更高的層次，更偉大的方式表達自我。

　　要脫離小我，必須先清理長年累積的情緒傷痛，稱為痛苦之身（pain-body）。痛苦之身會造成無盡的情緒痛苦，因為小我和痛苦之身會互相助長[1]。你的痛苦、憂鬱、焦慮或創傷，都不是你。你面對的問題，只是反映你**當下的狀態**，而非你**真實的樣子**。本體，才是真正的你。語言是有力量的，「我好憂鬱」和「我感覺好憂鬱」這兩句話，你看得出兩者的差別嗎？當你活在當下，好好連結本體，你就會找到內在平靜，免於受苦。心理諮商也很管用。

　　有一位四十多歲的男子，學歷高、談吐好、好相處，來找我心理諮商。他的工作很賺錢，可是他不喜歡，覺得自己被高薪綁

架了。老婆抱怨他不幫忙做家事，兩人經常吵架，早已貌合神離。這導致他在家、在公司都覺得自己不夠好，唯獨跟孩子相處的快樂時光支持著他舉步維艱走下去。每個星期他會跟同事小酌幾杯，排解壓力、失望和孤單。他似乎覺察不到自己的感受，更別說在療程中抒發出來。他內心充滿恐懼，自我設限，他用好多框架來「規定」自己的行為和感受，這一切都把他困住了，直到他接受心理諮商，這才驚覺他早在二十年前，就已經關閉和脫離了本體。

我建議他做正念練習，一來擺脫小我，二來重新連結內在光芒。聽他分享自己的故事，我彷彿化身礦工，從滿地的塵土中，翻找他埋藏已久的本體。當他談起他遺忘已久的吉他，他新婚的時光，他想自己蓋房子的夢想，他想幫忙非營利組織的心，我一再瞥見他的本體。我把這些如實反映出來，陪著他一起聽見他真實的聲音，他總算忠於自己，在婚姻生活做出重大的改變。最後一次療程，他娓娓道出本體的真諦：「謝謝你，幫助我接納自己的人生和內在光芒，活出真實的自我。」

連結本體的祕訣

- **重新連結**內心的熱情，再來做重大決策，例如安靜的自省、冥想、正念、活在當下，讓內在光芒來引導你。
- **回想**你真實的樣子，那一個不會自我設限的你。很久以前，

你曾經夢想成為怎樣的人呢？活出你期望的樣子吧！

- **重燃**內在之火，從人際關係和活動下手。

- **重新平衡**生活和工作，設定好界線，找到嗜好和休閒娛樂。

- **調整**工作，順應你的天賦和人生目的。

- **活化**你自己，找回玩心和歡樂，跳舞和活動筋骨，藝術創作，聆聽音樂。

- **以愛取代恐懼**，恐懼是小我，愛是本體。精神科醫師伊麗莎白・庫伯勒・羅斯（Elisabeth Kubler-Ross）著有暢銷書《論死亡和臨終》（On Death and Dying），她說：「情緒只有分兩種，所有正面的情緒都源自愛，所有負面的情緒都源自恐懼。愛會帶來幸福、滿足、平靜和喜悅。恐懼會帶來憤怒、怨恨、焦慮和內疚[2]。」穿過恐懼的迷霧，讓本體的光芒盡情閃耀。

順應本體（20 分鐘，一輩子的練習）

回答下列問題，把答案寫在筆記本上，這些問題會幫助你回歸核心的自我：

- 你最在乎的價值有哪些？
- 你的生活態度有沒有符合這些價值？你人生有哪些層面跟這些價值不符呢？
- 你可以做哪些大刀闊斧的改變，盡可能活出你的核心價值呢？

現在你總算感受到本體了。我來說明一下，為什麼跟小我走太近，會破壞內在光芒。

小我是朋友，也是敵人

各大靈性派別總鼓勵大家，盡可能消滅小我，活出本體，只不過人人都有小我，小我也不可能消失不見[3]。我們要做的是管控小我，而非消滅它，這就像面對亦敵亦友的人，跟他保持一定距離，好好盯著他，以免他會在背後捅你一刀。

如果跟小我保持良好的關係，你會有健康的小我或有明確的自我意識。小我也有好的一面，會支持你去追求學業、事業和人際關係。健康的自我包含下列幾個優點[4]：

- 明確的自我意識，有能力區隔自己和他人。
- 有能力容忍痛苦和調節情緒。
- 自信而有力量。
- 有能力解決問題。
- 能夠臨機應變、自我調適和從挫折中復原。

小我壞的那一面，可能會導致自我傷害，包括漏財。善用小我的優點，控制小我的缺點，有賴持續的專注和練習。小我有兩個極端的負面形象，你必須在兩者之間找到巧妙的折衷點。

大明星 vs.軟柿子：小我的兩個面向

「*無論你自認高人一等或是矮人一截，都是小我在作怪[5]。*」

艾克哈特・托勒（*Eckhart Tolle*），靈性導師，紐約時報暢銷書作者

有健全的自尊，才不會淪為大明星（Diva）或軟柿子，過猶不及。大明星為所欲為，不尊重別人的界線。軟柿子則是不尊重自己的界線。大家總以為，無限制放任小我，會變成大明星性

格，但其實也會變成軟柿子，例如，小我為了保護自己，拼命迴避批評、失敗和壓力，或者擔心成功之後會大出風頭[6]。大明星氣焰高漲，說到底只是在虛張聲勢，隱藏自己低落的自尊[7]。若想發揮自我的最大功能，一定要管好小我，以免淪為大明星或軟柿子。

　　表 5.1 列出小我這兩個面向（大明星和軟柿子）的特質，以及介於兩者之間的中庸之道（健全的自我，也就是最佳狀態）。

表 5.1 回歸中庸之道

軟柿子	健全的自我	大明星
自尊低落，只看到自己的弱點，經常自覺矮人一截，缺乏自信心，容易不安。	自尊健全，同時看到自己的強項和弱點，自我感覺良好，不覺得自己比別人優越或低劣，有自信，有安全感，謙虛。	明明自尊低落，卻表現得像自尊膨脹，只看見自己的強項，卻看不見弱點，經常覺得自己比別人優越，過度自信，傲慢。
不尊重自己，總是覺得自己不配，把別人的需求看得比自己的重要。	認為自己值得擁有一切的美好，但同時尊重自己和別人，平衡看待自己和別人的需求。	不尊重別人，為所欲為，把自己的需求擺在第一位。
被動，被動式攻擊。	堅定自信，做事圓滑。	具攻擊性、侵略性。

軟柿子	健全的自我	大明星
跟別人的關係總是失敗告終，經常遭人利用。	建立良好的人際關係，創造雙贏和彼此互助。	剝削別人，破壞關係。
對批評特別敏感，可能會因為自我意識，還有害怕成功和失敗，所以盡量不出風頭。	對於建設性的批評反應良好，出風頭的時候會帶著自我覺察，懂得合作。	聽到別人的批評會怒火中燒，充滿競爭意識，橫行霸道，出風頭的時候缺乏自我覺察。
自我意識低落，一下子就玻璃心碎滿地。	真實、凝聚、完整的自我。	虛偽的自我，防禦面具。
怪罪自己，一切都是我的錯。	為自己犯下的錯誤負起責任，勇於道歉，寬恕別人。	怪罪別人，一切都是別人的錯。

　　每個人的內心都有大明星和軟柿子，有些因子確實會勾起內在的大明星或軟柿子，所以要妥善管控小我，透過不斷的覺察，維持健全平衡的自尊。

軟柿子和大明星對財務有什麼害處呢？

　　如果我的個案是大明星，我必須幫個案建立自尊（大家還記得吧？大明星的自尊低落），還要如履薄冰，小心突破一層層防禦。大明星通常很自戀，在做心理諮商期間，通常會出現浮誇、物質主義、衝動購買的問題[8]。

　　有一對醫生夫婦來找我諮商，他們住在芝加哥近北區，買一間極為昂貴的豪華公寓，可是房貸把他們搞得焦頭爛額，最後還因為壓力太大，破壞彼此的婚姻關係。後來他們只好先放下小我，出售豪華公寓，搬到負擔得起的小坪數公寓，這麼做，夫妻倆確實鬆了一口氣。他們做完諮商後，越來越不在乎排場，反而更在意兩人的連結。**每個人難免會受制於內心的大明星，無節制的花費，甚至到入不敷出的地步。**

　　如果我的個案是軟柿子，我必須從旁協助，讓個案明白不看重自己，到底對於財務造成了什麼傷害，並幫助個案變得堅定自信。比方，我有一位個案，做一份薪水不高的文書工作，雖然他討厭這份工作，卻還是做了很多年，因為他覺得這樣最安穩，可以養家活口，後來他開始關照自己，終於勇敢換跑道，為自己加薪。我遇過一位老闆，每週工作八十五個小時，付完員工的薪水，只拿到淨利 3.5 萬美元，於是我們一起想辦法，包括提高她的定價，努力追回應收款項，向失約的客人收取費用，跟員工之間建立健全的界線。

　　大家從表 5.2 可以看出，大明星或軟柿子的個性都會導致漏財，唯有找到幸福的折衷點（健全的自我），才得以改善財務。

表 5.2 追求理財的中庸之道

軟柿子	健全的自我	大明星
薪水比預期要低，接受低薪，把很多錢花在別人身上，忽略自己。	收入和開銷平衡，收入足以讓自己過著成功和富足的人生，金錢平均花在自己和別人身上。	要求高薪，把很多錢花在自己身上，對別人很吝嗇。
財務困難（備註：有財務困難的人，不一定是軟柿子，只是軟柿子的行為模式可能會導致財務困難）	財務穩定、利他、慷慨、知足。	貪婪、支配慾、墮落、入不敷出、活在財務的謊言裡、物質主義、不知節制。
只看到債務，卻看不到資產，認為自己這輩子注定賺不了大錢。	清楚自己的淨值（資產減掉負債），對於自己的財務前景，懷著樂觀又務實的看法	只看到資產，對成功的看法不切實際，華而不實。

　　維持自尊的平衡，自然會走在中庸之道。所謂健全的自尊，是尊重自己和別人，唯有如此，才可以過著富足的人生。

別再當軟柿子了！

　　我做諮商這些年，幫助不少人建立自尊，擺脫軟柿子的行為模式。有一位女性個案，只要在公司加班到太晚，就直接睡在辦公桌底下（我阻止她做這種事！）我們一起建立健康的時間界線，練習堅定自信的溝通模式。我也遇過一位服務生，他排不到

自己期望的假，還經常排到夜班或者幫同事代班，以致他疲憊不堪，最後還生病了，被公司炒魷魚。我陪他一起改變，後來他找到了新工作，終於**維持健全的平衡，一邊支持別人，一邊把自己的健康和幸福擺在第一位**。

下列這些妙招，可以幫助你克服軟柿子的傾向：

- **保有自我價值**。記住了，你本來就應該過富足的生活，你的價值和重要性，並沒有比別人低。

- **承認你的強項和天賦**。不要只想著自己的弱點或缺點，反之，你要記得你自己最熟知和最熟練的項目。列出你的強項，問一問你所愛的人，經常反覆翻閱，直到你內化為止。

- **堅定自信**。勇於表達意見，你絕對做得到！不要悶在心裡，要實話實說。為自己挺身而出，就像你會為所愛之人挺身而出。溝通的方式，盡量真誠、直接、清楚，同時尊重自己和別人。有任何需求就說出來，包括薪資、報酬、假期等。唯有堅定自信，才能在團隊中如魚得水[9]，因此無論在家裡，還是在職場，都要積極發表意見。有需要就勇敢拒絕，設定好界線，千萬別內疚。

  我公司的實習生愛蓮，每次跟我談事情，總是會做到堅定自信。如果我給她一堆任務，她會和氣的問：「妳現在交給我的工作，大概要花十小時，但是我這星期只剩下兩小時，妳希望我先完成哪些工作呢？」她願意說出口，我聽了很開

心，這表示她不會累壞自己，然後背地裡怨恨我。要不是她主動提起，我根本沒想過，我交給她的工作那麼花時間，所以她的作法不僅對事業有利，也會維持工作和生活的平衡。

- **用語有自信。**不要一直道歉。大方接受別人的讚美吧，不要刻意反駁或忽視。用語積極（「我絕對會…」），切勿消極（「嗯……我想我可能願意試試看」），盡量傳達出自信。
- **善用肢體語言來展示優點。**抬頭挺胸。坐得直挺挺，保持正確姿勢。注意你的手勢，不要搓手或摸頭髮，這些都是不安或焦慮的姿勢。椅子坐到底，不要只坐在椅緣。跟別人握手時，必須堅定有力。走路要帶著意念。開會或參加團體活動，留意你坐的位子，不要老坐在角落，要選擇有力量的座位。
- **直視對方的眼睛。**留意臉部表情，因為大部分的溝通都跟言語無關。臉上掛著燦爛的微笑，會給人自信的感覺。直視對方的眼睛，別人會覺得你自信堅定，反之別開眼睛，別人會覺得你在自我懷疑。
- **不要自嘲。**自嘲是無傷大雅的玩笑，但要適可而止，也要找對時機，否則會影響同事對你的評價。
- **不要自責。**如果是別人犯的錯，或者你控制不了的事情，千萬別怪罪自己。
- **爭取支持。**多跟信任你、鼓勵你的人在一起。

如何馴服你的內在大明星

自戀的大明星通常有冒險的傾向，容易惹官司上身，也可能在職場做出適得其反的行為，例如偷竊、曠職、摸魚（例如查看Facebook、Snapchat、看網路新聞等）[10]。

我二十四歲的時候，在一家聯合診所上班，老闆是四十幾歲的心理學家，充滿個人魅力，喜歡畫大餅，經常提起他認識哪些大人物，他爭取到什麼大案子，可是偌大的辦公室空空如也，就連他自己也很少進辦公室，因為根本沒什麼病人，我還要靠自己找個案。我的個案好心提醒我，這家診所對他們重複收費，就在這時候，電話線被切斷了，老闆被好幾位合作廠商提告。有了這次經驗，我再也不跟超自戀的大明星打交道。

如果不希望自己成了大明星，下列是我的建議：

- **學習謙卑**。記住了，你並沒有比別人更偉大或更重要，你其實就跟大家一樣，都是不完美的凡人，經常要徵求別人的幫助和建議。

- **注意自己是不是傲慢、自誇或自負**。停下來整頓自己，覺察自己是不是想爭取別人的關注或肯定。

- **分享聚光燈**。不要把焦點都集中在自己身上，記得為別人創造舞台，讓別人也能夠閃耀個人光芒。把資源和機會分享出來。

- **關注別人**。好好聽別人說話；記住別人在意什麼；主動幫忙。

- **肯定別人的天賦和強項。**鼓勵別人說出想法和展現專業。感謝別人的貢獻。

- **勇於示弱**[11]。永遠相信你有價值，即便你並不完美。拆除你自以為的保護牆，否則保護牆會限制你，還會妨礙你跟別人的連結。如果遇到不懂的事，大方承認你不懂。跟別人暢談你犯下的錯誤，你遭遇的挑戰、傷害和恐懼，因為這麼做會化解羞愧和焦慮。打開你的心，給予並接受你應得的愛。

- **做自己。**活出你深信的價值，而不是為了證明自己有價值，一直強迫自己去做某些事。對別人和自己都要誠懇透明，就像馬雅・安傑盧（Maya Angelou）說的：「如果你只想當普通人，你永遠不會知道自己有多棒！[12]」做自己，絕對會改善你的人際關係和事業，你還會成為更棒的領袖[13]。

- **結交會批評你的朋友，聆聽他們的建議。徵求別人的意見。**建立問責系統，定期評估你的行為，永遠保持誠懇。

- **放下控制欲。**忍住想當決策者、管太多和爭對錯的衝動。

- **尊重別人。**為人體貼、勤懇、有禮貌，尊重別人的文化。肯定別人。避免權力鬥爭。追求適度的成就和財富，懂得知足。

- **抗拒小我無限制的慾望，透過滿足和「知足」來回歸平衡。**我講一個小故事，大家要永遠謹記在心。有一個人事業比較成功，一直在升遷，另一個人就沒有那麼飛黃騰達，卻說：「我有一樣東西是你沒有的。」「什麼東西？」「知足。」

改掉自我陶醉的壞習慣（20 分鐘，一輩子的練習）

- 你有大明星和軟柿子的特質嗎？

- 何時會顯現出來？會不會傷害你的財務？

- 你該如何建立健全的自尊，回歸自我中心，找回健全的自我？

　　如果你發現自己不好的一面沒關係，我也有不好的一面呀！我也還在尋求平衡，以免自己淪為大明星或軟柿子。大家都在求進步，你已經做得很棒了。第五章結束之前，我要提醒你，小我還會用其他手段來牽絆你。

小我的牽絆：冒牌者症候群和完美主義

　　冒牌者症候群和完美主義，是你邁向成功的路上，小我刻意埋下的沙坑陷阱，不管你是大明星或軟柿子都無法倖免。拜小我所賜，大明星和軟柿子會疲於保護自己，以免遭受外來的打擊和傷害（例如批評或失敗），但是被這樣的陷阱困住，只會浪費時間和心力，減少自己的金錢收入，甚至會舉白旗認輸。下面會教

大家覺察這些陷阱：

冒牌者症候群

所謂的冒牌者症候群（Imposter Syndrome），會覺得自己不配成功，從未想過自己會成功[14]，心裡面可能有這些念頭：「我會爬到這個位置，只是因為運氣好」、「我是冒牌貨」、「失敗了怎麼辦」[15]。這些念頭是有危險的，可能會引發睡眠失調、憂鬱和焦慮、心理痛苦、不安、工作不滿意、事業表現不佳[16]。

冒牌者症候群並不少見。這種人會擔心露餡，內心再怎麼不安，也不輕易說出口。深怕自己被揭穿，所以防禦心重，不太會接納別人的意見。再來是難以面對事業的挑戰（但只要克服了，財務就會更健全），可是一般人都想擺脫焦慮，而不想迎接挑戰，讓自己焦慮倍增[17]。

深受冒牌者症候群所害的，絕對不只有軟柿子。雖然研究顯示，如果是顯性自戀的大明星，並不會變成冒牌者症候群，但如果是隱性自戀的大明星（比顯性自戀更拘謹、更敏感、更愛採取被動攻擊），倒容易陷入冒牌者症候群，因為這種人偶爾會像軟柿子一樣，感到自尊低落和不安[18]。

冒牌者症候群宛如一大片黴菌，長年生長在暗處，只要願意說出口，讓身邊的人知道，黴菌就難以存活。要改善冒牌者症候群，不妨在學校或職場建立開放的文化，鼓勵大家把自我懷疑說

出來。當我們知道別人也在跟冒牌者症候群奮戰，就不會再相信小我的謊言，誤以為自己比別人差。

　　下列幾個招數，可以幫助你克服冒牌者症候群，改變你的習慣：

- 找別人聊一聊，訴說你有冒牌者症候群的問題。
- 找尋人生導師，給予你支持和正向回饋[19]。
- 記住你的強項，永遠保持信心。
- 重新看待你的錯誤、掙扎或失敗，把這些看成學習的必經之路。透過肯定自我的價值，展現你的本事[20]。

完美主義

　　冒牌者症候群會助長完美主義：追求完美無瑕，以免被別人揭穿是冒牌貨。完美主義會導致生產力下滑，對於自己的表現過度焦慮[21]。如果你一直在等待某件事做到完美，比方你正在寫的書、你的創業規劃、你的網站或履歷，這些成果將永無問世的一日。但是，總有「夠好」的時候吧？這時候你就應該採取行動了，為自己爭取金錢收入。

　　有完美主義的個案，通常也有心理問題，包括憂鬱症、強迫症、飲食失調、工作狂、對宗教過於虔誠、心理僵化（非黑即白）[22]。自尊低落跟完美主義很有關係，無論是大明星或軟柿子，都深受其害[23]。我做個人教練這些年，看過一些人偏向自信

的軟柿子,卻極度擔心自己犯錯,於是耗費數個月,甚至數年的時間,做了極度詳盡的規劃,才敢跨出那一步,有些人甚至連跨出那一步都不敢。自尊低落需要接受深度的治療。我會不斷提醒個案,他們已經有哪些強項、天賦和知識了。

至於偏向自戀或大明星的個案,會呈現自己完美的一面,證明自己有多麼的偉大,以爭取別人的敬重和景仰[24]。大明星會砸大錢做整形手術,買昂貴的服飾和跑車,來營造自己完美的外表。至於對職涯發展有利的事件,只要無法展現最好的一面,或者會影響別人的觀感(比方只是配角,而不是主角),大明星就不會參加。

依我個人的經驗,生活越忙碌,越沒有時間和心力追求完美。當媽媽和成家這兩件事,總算讓我明白,完美主義是不可得的幻象。我奉行 3.5 分法則,雖然我也想登上榮譽榜,卻不會硬要得到 4.0 分,讓自己成了烈士。我發現這樣想之後,就不會追求完美,反而騰出更多時間和心力,把其他層面也顧好。

克服完美主義,幫助我賺更多錢。有一個新聞台提出邀請,希望我聊一聊家長該如何向孩子解釋機場的安檢措施。我必須提供一些妙招,還要露面一個小時,本來我想拒絕,畢竟這不是我的專業領域,而且我當時諸事不順⋯⋯後來我放下完美主義,提醒自己,我是合適的人選,不僅是專業心理師,也是兩個孩子的媽,我曾經跟孩子解釋過安檢措施,他們也聽懂了。最後

我接下電視台的邀請，結果很不錯！我也因為那次曝光，接到更多個案。

　　以下是克服完美主義的妙招：

- 覺察你有沒有完美主義的念頭，做一下成本效益分析，確認追求完美這件事，到底消耗你多少的時間和心力。

- 下修你的標準。還記得我說過 3.5 分法則嗎？有時候，拿到 2.0 分就很好了！誰沒有拿過低分呢？就算失敗了，也代表你試過了，更何況失敗是成功的必經之路。拿不到 4 分也沒關係，你依然很棒！

- 記住你的強項，別太在意缺點。

- 接納不完美。這很簡單的！例如你沒修圖的照片，被朋友放到社群網站，標記你的名字，坦然接受吧。或者給自己設定合理的時限，時限到了，就把報告交出去。

　　連結本體以後，你會更清楚自己深層的使命和天職（你該做的事）。當你的天賦和本體可以跟外界的需求合一時，全宇宙會聯合起來幫助你，成就你富足的人生。放下小我的恐懼和評斷，讓本體帶著無畏的勇氣，挺進全世界！這世界就是需要你盡情發揮天賦，然後你就會獲得金錢的回報。

　　脫離小我，連結本體，你會快速致勝，正如領袖、發明家或藝術家，把天賦發揮到極致，進而療癒、幫助和鼓舞別人。我

在芝加哥參加四天的 Lollapalooza 音樂節，觀賞英國樂團 Florence & the Machine 的演出，親眼見證本體的厲害。主唱佛羅倫斯・威爾奇（Florence Welch）就像女神似的，穿梭在人群中，別有風采和魅力，散發她與生俱來的才華，無畏的唱出靈魂之歌。佛羅倫斯・威爾奇簡直就是英雄，我聽說她的父母在她十三歲離異，她祖母罹患躁狂型憂鬱症，自殺身亡。佛羅倫斯自己也有閱讀障礙和飲食失調，一直靠著飲酒、藥物和飲食來控制。這些問題不就是她的痛苦之身嗎？可是她跨越這些障礙，揚名立萬。這些人生經歷反而帶給她豐富的靈感和情感，貫注於音樂之中。佛羅倫斯是很棒的例子，向大家證明了只要脫離小我，就有機會成功。

　　你也做到了！你在第五章學會趁勝追擊。現在來做本體自我評估練習，複習第五章的重點。下面的本體自我評估練習，整合你在第五章學到的技能，測試你有沒有遠離小我，連結本體。

自我評估表（20分鐘）
本體

日期：＿＿＿＿＿＿＿＿＿＿

依照下列評分標準，在每個問題的空格，填入你的自評分數：

不佳（1～3）、尚可（4～5）、良好（6～7）、極優（8～10）

不良			尚可			良好			極優
1	**2**	**3**	**4**	**5**	**6**	**7**	**8**	**9**	**10**

跟本體合一：透過活在當下，連結深層自我和內在光芒。你有沒有活出本體（核心自我），放下恐懼，選擇愛？＿＿＿＿

脫離小我：覺察小我有害的一面，想辦法脫離它，例如防禦心、競爭心、傲慢、自覺高人一等或矮人一截、只看外在（例如外表和成就）。小我喜歡扭曲現實，你理財的眼光能否保持客觀，不受小我的影響呢？＿＿＿＿

健全的自尊：跟別人建立平衡的關係，正面看待自己。健全的小我兼具力量和信心，堅定自信。你會不會讚美自己的強項，同時看出你需要改進的地方？＿＿＿＿

謙卑：謙卑是覺察你有所不知、有所不足之處，隨時管控好小我。成功之後，你還能不能保持謙卑、穩重、樸實呢？＿＿＿＿

尊重：溝通時要做到尊重自己和別人，你會給自己打幾分呢？＿＿＿＿

真實：你能不能保持誠懇、真誠、不造作，待人親切，以真面目示人？＿＿＿＿

脆弱：拆除小我的自我保護牆，以免妨礙真誠的溝通，唯有真誠的溝通會帶來支持、連結、親密和成長。你能不能承認自己的無知，向別人求助呢？＿＿＿＿

知足：就我的定義，「知足」是不放任小我的物質慾望，在追求富足的過程中，永遠跟本體保持連結，例如對別人寬大慷慨。你的本體意識，是否永遠感到「知足」？＿＿＿＿

發揮天賦：讚美自己的天賦和強項，在這個世界做出貢獻，你會給自己打幾分呢？＿＿＿＿

使命：在你的人生和事業，找到本體的使命，你會給自己打幾分呢？＿＿＿＿

價值：你能不能忠於自我，活出符合你的核心價值？＿＿＿＿

充分表達自我：閃耀內在光芒，活得精彩耀眼，展現最坦率、有

活力和富足的自我。你會給自己打幾分呢？＿＿＿＿＿＿

　　把你的答案填在本體自我評估練習圖上（如果忘了怎麼寫，可參考第 42 頁「財務健全自我評估練習示範」的範例圖），先從最上方開始填（說到跟本體合一，你是不佳、尚可、良好或極優呢？），在那根輻條點出你的分數，然後繼續完成其他輻條。

本體自我評估練習圖

回答下列問題，把答案寫在筆記本上：

- 看一看本體自我評估練習圖上，你有哪三個「凹陷」特別明顯？如果要改善這些面向，你有什麼辦法？
- 想兩個辦法，幫助你脫離小我，連結本體，進而改善財務。
- 該如何安排時間，維持健康的自尊呢？

無論你這次的分數好不好，最好每個月或每一季做一次練習，定期查核小我，連結本體。記得標註日期，以便長期追蹤。

把小我管控好，忠於自己的價值和使命，連結內在光芒，絕對會迎向成功之路。下一章要學習愛自己，放大你成功的機會！

ch6

愛自己

驅趕內在的破壞者，給自己滿滿的愛

「世界上最重要的人際關係，就是學會與自己相處。」

史蒂夫・馬拉博利（Steve Maraboli），

《生命、真理和自由》（Life, the Truth, and Being Free）

　　宇宙一直在給我壓力，合夥人離開後，我的公司周轉不靈，我的心理和財務危在旦夕。我決定不再原地踏步，我透過心理諮商，把自己看清楚，我終於看見真正的敵人──我內在的破壞者！我頭腦有一股聲音，來自我內在的破壞者，一直在耳邊私語，說我不配，於是我把其他人都看得比自己重要，差一點要破產和崩潰。這是我轉向愛自己的第一個轉振點，把我輕易付出給別人的愛，放回我自己身上。

　　我接受心理諮商，學會調降內在破壞者的音量，練習對自己

慈悲。我怎麼照顧所愛之人，我就怎麼照顧自己——兼顧我的情緒、生理和財務。我開始從各方面儲備我自己，無論是我的念頭、行動或選擇，都要盡量愛自己，進而提升自我價值和自信，然後我迎來第二個轉捩點。我至今還記得，我曾經淋浴到一半，哭到不能自己，除了悲痛之外，還夾雜著如釋重負，對自己感激涕零，當時的我剛結束十八年的婚姻。我跟前夫在一起二十五年，我做這個決定，拯救了自己的人生。

我十八歲就跟前夫在一起，當時他也只有十九歲，但婚姻走到最後五年，我經歷了心死。他是一個好人，我好愛他，我們有兩個很棒的女兒，如果做腦部手術可以拯救婚姻，讓我重新感到幸福和滿足，我也會願意去做。我們一起接受婚姻治療，只可惜仍陷入僵局。我們的婚姻會告吹，有很多現實的因素：太早婚，逐漸產生隔閡，婚後家務分配不均，諸此之類，淨是常見的婚姻問題，沒什麼大事。

我要求離婚，一些朋友和鄰居罵我太自私，但我認為自己別無選擇。把離婚的決定告知孩子和家人，始終是我最痛苦的經歷。我不會裝得雲淡風輕，但我相信在離婚的世界裡，我們稱得上典範了。一開始談離婚，我們刻意處理了傷痛、憤怒和失落，到最後雙方都接受離婚是必要的決定。我們請律師，向法院提出最終協議，一起到法院訴請離婚，法官甚至還代替孩子謝謝我們，做出如此公平的協議，不僅平均分配跟雙親相處的

時間，也把資產劃分清楚。離婚手續辦妥後，我和前夫共進早午餐，尊重離婚的決定，結束我們人生的重要篇章。

對我而言，離婚後，我終於有機會為自己的幸福和財務負起完全的責任。我們原本的房子和傢俱，幾乎都歸我前夫，我很幸運可以為自己和女兒重新打造一個新家，從新家的環境可以看出我有多麼愛自己，內心有多麼喜悅。我也開始跟大自然和社區連結。後來我開始約會，內心不斷默念「保持自信」。唯有掌握自己的價值，才會獲得真愛，活出我應得的人生。

過了五年多，我和前夫都找到更適合的伴侶，也再婚了，我們兩個女兒也長大了。現在這段婚姻會滋養我的靈魂，豐富我的人生，以超乎我想像的方式支持我成長，為我騰出更多的心力，去照顧兩個女兒，我還平白多了兩個繼子女。每當我說，離婚對我和所有人而言，結局終究是好的，有些人聽了就會罵我自私，但我這麼說，並非說離婚這件事，並沒有帶給孩子痛苦，孩子當然會痛苦，我想到就心痛，一輩子都對不起她們。然而，我相信離婚後，幸福遠勝過挑戰，所以我滿懷感謝。我衷心認為，選擇照顧好自己，決定離婚，反而把我們的人生變得更美好。

我人生第三個轉捩點，是我出售公司的時候。我覺得自己的使命完成了，我已經創立一家公司，提供平價的心理諮商服務，可是當老闆所承擔的責任早已壓垮我的精神。我想要解放

自己，迎向人生下一個使命——寫作和演講。我花了一年半時間，總算把公司賣出去了，因為我堅持自己設定的價格，最後我跟對方談出來的價碼，是我這輩子從沒想過的金額。現在，我依然追隨自己的心，保持自信，以愛心照顧自己，多虧這一切，這本書才會誕生，我才會有演講的機會，進而豐富我的人生。漸漸的，我開始盡情揮灑自己。

愛自己是我人生蛻變的關鍵，讓我建立健全的理財心態。

治療小站：療程六（20 分鐘）

做這個療程，心情會變好！從今天起，你會覺察內在的破壞者，給自己應得的愛。回答下列問題，寫在筆記本上：

- 你內在的破壞者設下什麼阻礙，妨礙你過幸福富足的生活？
- 看完我的故事，給你什麼靈感呢？你有沒有聯想到可以怎麼愛自己？
- 如果你很愛你自己，人生會有什麼不同呢？

看了自己寫的答案，你內心有什麼感受呢？如果跟自己打好關係，會不會有更多進步空間呢？不要怕！我會在旁邊陪著你！

愛自己，並不自私

「愛自己這件事，並非大家所想的，是自私、自我放縱、自我或自戀的舉動，愛自己其實是對健康有益的行為。[1]」

達琳・蘭瑟爾（*Darlene Lancer*），律師、心理治療師和知名作家

所謂愛自己，就是關心自己的福祉和幸福，這是我們人賴以生存、發展和富足的關鍵[2]。愛自己既是感受，也是行動，包括肯定自己、善待自己、照顧自己。

有一天，研究生薩姆林來我的診所，接受臨床督導。她一臉疲憊，我看了很憂心。我知道她一邊當實習生，一邊修幾堂門檻很高的課程，同時為芝加哥穆斯林美裔社群規劃大型活動。我開口問她：「如果妳是一支手機，現在電力還剩下多少呢？」

她毫不諱言：「只剩下 1％。」

天呀！

我們是人，不是手機，就算電力再低，也不會警示紅燈，但我們必須透過愛自己，花時間為自己充電。薩姆林甚至沒發現自己沒電了。當我問起，她可以做什麼改變，她這個學霸竟然激動的回答我：「好！第一點！每天晚上要在一點前睡覺。」我心想：不！她的生活根本就要砍掉重練了！

　　如果你是一支手機，現在電力還剩下多少？一天之中，不同的時段，精神狀態會有所不同，也會受到健康情況所影響。然而，愛自己是每個人的責任，以免電力太低。記住了，愛自己，一點也不自私。我們學習愛自己之前，先來覺察一下，有哪些因素會妨礙我們愛自己。

內在的破壞者正在剝奪你的財富

> 「你跟自己的關係，決定你跟別人的關係[3]。」
>
> 羅伯特・霍登（*Robert Holden*），心理學家，著有《當下快樂！》
> （*Happiness Now!*）

　　想一想你每天對待自己的態度，你會這樣對待別人嗎？你對自己好不好呢？你的心，有沒有善待你的身體和靈魂呢？我們偶爾難免會：

- 對自己說殘忍的話，怪罪自己。
- 做一些漫不經心或有害的選擇，傷害自己的健康。
- 做傷害自己的事，剝奪自己的財富，例如過度開銷，不儲蓄。

　　內在的破壞者，就是這些自我傷害的始作俑者。內在的破壞者一直在灌輸我們，我們連自己的愛都不配擁有。小我愛批評和

愛評斷的那一面，發出尖銳的批評，導致自我傷害的行為，激發內在的羞愧、匱乏和無價值感，最後重創整個人生。我偏好「內在破壞者」一詞，更勝於「內在批評者」，因為批評不一定是壞事，有時候，反而會鼓勵自我覺察。

內在破壞者的聲音，集結我們這一生，從父母親、手足、師長等人聽到的意見，也可能夾雜文化、宗教的教義，或者單純是我們在自殘。每個人內在都有破壞者，只是有些人的內在破壞者特別惡劣，尤其是遭受過虐待，或曾經受人忽視，不自覺內化了別人的負面意見，在內心形成殘酷的破壞者[4]。

第一章提到侷限自我的信念（也就是內在破壞者的聲音），可能會阻斷豐盛之流，扼殺富足人生。內在破壞者老是在批評和評斷我們，數落我們「剛才說了超級愚蠢的話」。內在破壞者越是抱怨，我們越無法做正事，這對於財務當然有影響[5]。如果想好好愛自己，迎接豐盛的人生，一定要叫內在破壞者閉嘴。

說到我的內在破壞者，我給她取一個名字叫做薩爾達。她對我而言，猶如芒刺在背，所以我一直想擺脫她。最近我接受訪問，談到如何去練習喜歡自己。我跟記者安娜齊拉・史汀森（Annakeara Stinson）解釋為什麼要為內在破壞者取名，這是為了把負面的念頭隔絕於外，正念觀察就好，一旦你發現這些負面想法有多麼可怕，你就不會受其控制[6]。史汀森開始仿效我，為

負面想法取名字叫作泰瑞，連續一個禮拜，她記錄自己跟泰瑞的互動，做這個新嘗試之後，她發現自己心情變好了。

她在日記寫下，每當她去超市購物，泰瑞就一直抱怨約會的事情，罵她太古怪，拿她跟其他女人比較[7]。史汀森跟媽媽大吵一架後，試著做呼吸練習，暫時跟泰瑞保持距離。史汀森的心理師聽了，很肯定這種作法，為內在破壞者取名，有助於覺察它現身的頻率，覺察自己是不是因此感到生氣、傷悲、羞愧、嫉妒和匱乏。很有趣，史汀森甚至說了，她對泰瑞感到抱歉，透過善待自己，她終於平常心看待內在的破壞者。

你也做得到！別怕，我會陪著你的。

面對你的內在破壞者
（至少連續一週，每天十分鐘，一輩子的練習）

為你的內在破壞者取名，然後在內心觀想，甚至畫出來（這樣會更好玩！）。連續一個禮拜，記錄內在破壞者對你的影響。到了第七天，回顧你寫的東西，回答下列問題，寫在筆記本上：

- 內在破壞者喜歡拿什麼事情煩你？
- 內在破壞者現身的時候，有沒有什麼共通點，例如特定的環境條件或時機？
- 想一想內在破壞者對你的心理傷害，如果最高分是 10 分，你會打幾分？身體健康呢？財務健全呢？

　　現在閉上雙眼，想像你正在叫內在破壞者閉嘴。做這個嘗試，有什麼特別的事情發生嗎？如果你鎮壓不了內心的壞蛋，也不要害怕，因為在你的內心有一個夢幻團隊！

建立一個內在夢幻團隊，作為你成功的後盾！

　　內在破壞者老是以顧問自居，所以你要邀請內在的支持者，建立一個夢幻團隊，共同坐下來做決策，以降低內在破壞者的聲量。我建議善用內在的夢幻團隊，幫助你去練習愛自己，否則會受到內在破壞者干擾。

　　下面這個表格，列出內在支持者跟愛自己的關係：

內在夢幻團隊	愛自己的責任
內在的教練	肯定自己
內在好朋友	善待自己
內在的慈母	照顧自己

一直鼓勵你的人生教練：你的啦啦隊！

以往，都是你在為身邊的人加油，從現在起，換大家來給你打氣！

內在破壞者不放過任何羞辱你的機會，但還好在你心裡有個一直鼓勵你的人生教練，這股內在聲音會支持你，鼓勵你成為最美好的自己。就算你蹣跚而行，跌跌撞撞，人生教練仍對你有信心，對著你大喊：「這沒有什麼！你會度過難關的！」當你傷了自尊，快去找你內在的教練，好好肯定自己，改善個人表現和財務[8]。把你解決問題的思考過程，全部用言語表述，說給人生教練聽，這麼做會提升表現，改善財務[9]。無論你的夢想是升遷或是創業，內在的教練都不會任由你認輸。

如果你在人生中，遇過一兩個好老師或人生導師，無條件信任你，鼓勵你成長茁壯，你內在的教練會相當完整。反之，如果你一路走來，始終有人在貶低你，你恐怕要花一點心思，扶植內在的正向教練，才能夠一舉壓制內在的破壞者！

超級好朋友：你內心的朋友！

有一天，我覺悟了：我對朋友充滿愛，是個超給力的朋友，如果我把你當朋友，我會兩肋插刀，肯定你每一份感受，不會大驚小怪，只希望你安好。如果換成我自己，為什麼就無法當個稱職的好朋友呢？於是我決定，我要當自己的超級好朋友。你

也做得到！

　　當內在破壞者痛批你這個人，還有你的所作所為，內在好朋友會挺你，幫助你培養慈悲心，即使面對難關或失敗，也要寬容和呵護自己[10]。這麼做攸關你財務的健全。為什麼呢？對自己越慈悲的人，越不會情緒倦怠，工作表現也越好[11]。對自己慈悲，也會改善人際關係，跟收入也是呈現正相關[12]。

　　你會深愛和接納你的朋友，而你的內在好朋友，也會這樣對待你，鼓勵你接納自己：正面看待自己，喜愛自己，同時覺察優點和缺點，敞開心接受[13]。內在好朋友會改善你的財務，因為接納自己，財務會變好。研究調查顯示，創業者越是接納自己，公司的財務狀況就越好[14]。越懂得接納自己的人，收入通常比較高，所以學習自我接納，長期下來會提高收入[15]。由此可見，當自己的超級好朋友，可是攸關你我的荷包呢！

　　至於社會邊緣人，長年受到貶抑和歧視，忍受別人的厭惡，格外需要自我接納，但也更難做到！個案卡姆來找我做心理諮商，因為他有一位企業教練，曾經批評他說話缺乏男子氣概，找不到好工作。這種恐同的歧視言論，害卡姆內化了恐同心態，開始討厭自己。他在治療的過程中，一直練習怎麼愛自己，接納自己真實的樣子。卡姆跟自己對話時，不再化身尖銳的批評家，而是以超級好朋友的身分，重新解讀這些負面的訊息。他的心情果然變好了，越來越有自信。經過幾個月的努

力，他用愛擁抱自己，澈底的解放，做回真實的他，最後找到一份好工作，新公司珍惜並欣賞他的能力和天賦，以及他的一切。

每個人都要接納真實的自己，內在好朋友會幫我們一把。研究調查顯示，如果男／女同性戀者、雙性戀者與跨性別者，對自己的性向越是接納和肯定，工作表現就會越好，工作滿意度也會越高，財務狀況也更好 16。

內在好朋友也會在一旁陪你一起練習寬恕自己。如果犯了大錯，當然要負起全責，承受自責和悔恨，向受害者請求原諒，從錯誤記取教訓。罪惡感的用處只有一個，那就是從錯誤中學習，還有修正錯誤，只可惜大家都誤用了，以致心懷愧疚，變成一件不恰當、不實用、不變通的事。自我鞭策也要適可而止，否則會永遠回歸不了平靜。

這些年我做心理師，看見很多個案都在學習自我寬恕，以化解各自的心理問題，例如成癮。有一位個案自從父親過世後，就酗酒度日，眼看孩子還年幼，她做了好幾個月的治療。我們付出很多心力，重新理解酗酒這件事，把它看成一種疾病，而不是人格缺陷，也不是她存心要傷害家人。一段時間之後，她終於可以好好愛自己，看見自己的強項，肯定自己有勇氣向外求助。

有時候即使犯的是小錯，也要練習自我寬恕。我擔任伊利諾州諮商學會主席時，有一次發信給六十位理事會成員，我本來要

說：「快要開會了，該準備囉！」

結果有一位常務理事回信給我：「喬伊絲，妳打錯字囉。」

我竟然打錯了其中一個字。

我的老天爺！

每個人都會犯錯，這就是凡人。給自己建議時，必須把自己當成好朋友，記住我們本來的美好，放下我們犯過的錯，對自己慈悲一點，繼續向前走。該如何喚醒內在好朋友呢？假設你的好朋友也面臨相同的情況，你會對好朋友說些什麼呢？你對好朋友的回應，絕對比你對自己的回應更慈悲。

內在的慈母：仿效熊媽媽，照顧好你自己

可惡的內在破壞者，老是在傷害自己（過勞、不顧健康、濫用物質或衝動購物），但還好你的內心有一位慈母會好好照顧你。慈母有聰明的腦袋，就算內在破壞者用自我照顧的藉口，掩飾自我傷害的行為，也逃不過慈母的法眼，比方內在破壞者可能會辯稱，你這陣子過得太辛苦，應該抽根菸或大肆購物。

我們長大以後，必須成為自己的慈母，學會照顧自己，就像我們照顧自己所愛的人。慈母會希望你健康安樂，所以會提醒你：

- **吃對的食物。**攝取充足營養，會改善情緒健康，緩解焦慮和憂鬱，進而提升工作表現[17]。

- **睡眠充足。**睡眠會改善心理健康和工作表現[18]。

- **喝足夠的水。**補水這件事，攸關身體健康、心理健康和工作表現[19]，不要再喝碳酸飲料，也要減少咖啡因攝取。

- **做聰明的選擇。**做錯誤的選擇，可是會生病和受傷，付出慘痛的代價。

- **暫時停用螢幕。**花太多時間看螢幕，不僅妨礙睡眠，工作也難以專注。如果你想要睡個好覺，避免精神不濟，讓自己隔天工作更上心，深夜絕對不要在床上滑手機或發信[20]。

- **終生學習。**持續學習，會提升財務表現[21]。

- **做一些運動。**上班午休空檔，坐在辦公桌吃午餐，雖然方便趕工作進度，但你不妨換個午休方式，趁午休的時候運動，其實會紓解壓力，改善身體健康，提振工作表現，進而改善財務[22]。

- **練習彈鋼琴。**無論你會不會彈鋼琴，你都要騰出休閒時間，來培養個人嗜好，如音樂、藝術、運動。有嗜好的人生，心理更健康，人生更幸福。

　　現在你總算知道，內在的慈母會怎樣照顧你了，接下來，一起來評估內在夢幻團隊的運作情況吧！

建立你的內在夢幻團隊（15 分鐘，一輩子的練習）

現在為你的內在夢幻團隊評分，如果滿分是 10 分，你會打幾分？1 分是不給力，10 分是超級給力。

- 內在的教練（肯定自己）＿＿＿＿
- 內在好朋友（善待自己）＿＿＿＿
- 內在的慈母（照顧自己）＿＿＿＿

哪一個角色拿到最低分呢？回答下列問題，寫在筆記本上：

- 為什麼對你而言，這個內在支持角色會這麼困難？
- 你該如何改善？

想像這個夢幻團隊一直陪著你，試著聆聽他們的聲音，他們會說什麼話來支持你呢？回答下列問題，寫在筆記本上：

- 你有發現什麼好處嗎？例如內在夢幻團隊有沒有激勵你？有沒有讓你的心情變好？
- 有了內在夢幻團隊的加持，內在破壞者的破壞力是不是變小了，連帶幫助你擺脫負面情緒呢？

每當你有需要，記得要呼喚內在夢想團隊喔！

財務健全大補帖：練習自我照顧

該是求助內在夢幻團隊，練習自我照顧，過富足人生的時候了！這意思是說，你理財的方式必須反映你對自己的愛。

購買自己負擔不起的物品，以致債台高築，例如昂貴的沙龍療程或名車，**表面是愛自己，其實是傷害自己**，就像我們之前說的大明星。我有一位個案沒什麼積蓄，為了證明自己的價值，竟每隔半年買一輛跑車。**另一種極端是錙銖必較，硬是不滿足自己的需求，或不給自己用好東西，表面是愛自己，其實是傷害自己**，就像我們之前說的軟柿子。我有一位個案已經五年沒買新衣服，沒去外面剪頭髮！她是月光族，我建議她不要，特地去百貨公司買昂貴的衣服或皮靴給孩子，畢竟小孩子很快就長大了，她應該把錢花在自己身上。後來，她終於剪了頭髮，買了五件新衣服和化妝品，不僅提升自尊，也比以前更愛自己。

我經常碰到極端的個案，一路上陪著他們，找到幸福的中庸之道──以健康的花錢方式，展現健全的自尊。**真正的自我照顧，是把握量入為出的原則，善用金錢來照顧自己和善待自己。**這要拿捏好平衡，照顧好現在和未來的自己。有幾個原則，一是收入穩定，能買得起每一件必要物品，還有大部分你想要的東西，二是有投保和儲蓄，為未來的自己著想。金錢最好要花在刀口上，改善身心的健康，例如買好一點的床墊改善睡

眠，買健身器材或加入健身房會員，把家裡布置成溫暖的避風港，或者購買書本和正念 App。

　　下面的愛自己自我評估練習，整合你在第六章學到的技能，測試你有沒有好好做愛自己的練習。

自我評估表（20分鐘）
愛自己

日期：＿＿＿＿＿＿＿＿＿

依照下列評分標準，在每個問題的空格，填入你的自評分數：

不佳（1～3）、尚可（4～5）、良好（6～7）、極優（8～10）

不良			尚可		良好			極優	
1	**2**	**3**	**4**	**5**	**6**	**7**	**8**	**9**	**10**

對自己慈悲：有了這項能力，你可以讓內在破壞者閉嘴，練習自我寬恕和自我接納，成為你最溫柔的擁護者。你不會過度鞭策自己，也不會感到極度內疚或悔恨，因為在這個心理狀態下，你會承認自己的錯誤，從錯誤中學習，然後回歸正道。說到對自己慈悲，你會給自己打幾分呢？＿＿＿＿

自我肯定：肯定自己的強項、天賦和特殊能力，看見自己美好的一面。你會給自己打幾分？＿＿＿＿

成長學習：花錢參加活動、課程和獨立學習，幫助自我成長。你會給自己打幾分？＿＿＿＿

營養：健康的飲食要懂得控制糖分，少吃加工食品，少外食，營養均衡，攝取各種維生素，控制餐點分量。你會給自己打幾分？_____

補充水分：為了維持身體健康，不要喝碳酸飲料和能量飲料，記得喝足夠的白開水。你會給自己打幾分？_____

運動：關於運動這件事，你會給自己打幾分？_____

外表：帶著愛和關心，好好打扮自己，把自己裝扮得漂漂亮亮。你會給自己打幾分？_____

養生：包括年度身體和牙齒檢查、心理諮商、專科治療或整合醫療。關於養生，你會給自己打幾分？_____

避免濫用物質：適量攝取咖啡因、酒精或安眠藥等物質。你會給自己打幾分？_____

獨處／反省：留下一段靜默的時間，好好跟自己相處。你是否重視獨處／自省的時光？_____

接觸大自然：這包括走出戶外，接觸動植物。你會給自己打幾分？_____

睡眠：為了常保健康，一定要睡眠充足，輕易入眠，一覺到天明。你會給自己打幾分？_____

休閒／嗜好：每個人都要做一些事情讓自己放鬆和快樂，比方藝術創作、聽音樂、做運動。你有沒有騰出時間從事休閒活動，或者培養自己的嗜好？_____

時間管理：時間管理是把工作和生活分清楚，每天要有停用科技產品的時間，比方睡前或用餐的時候不使用手機，下班後或度假時不回覆工作的來信，還有限制自己使用螢幕的時間。你有沒有拿捏好獨處和社交的時間呢？_____

家庭環境：保持家裡乾淨整潔，生活機能完備，為自己打造一個避風港。你會給你的家打幾分？_____

理財：保持開支平衡，量入為出是非常重要的。說到財務生活，你會給自己打幾分？_____

　　把你的答案填在愛自己自我評估練習圖上（如果忘了怎麼寫，可參考第 42 頁「財務健全自我評估練習示範」的範例圖），先從最上方開始填（你在對自己慈悲的面向，是不佳、尚可、良好或極優呢？），在那根輻條點出你的分數，然後繼續完成其他輻條。等到每一根輻條都評分完畢，把這些小點連起來。

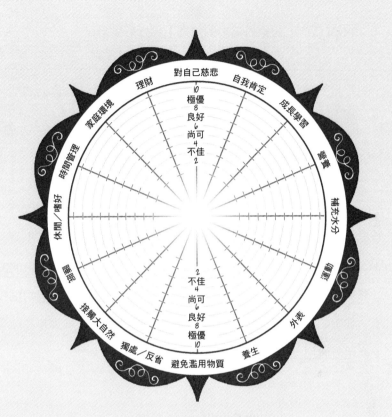

愛自己自我評估練習圖

如果你的分數低於預期，也沒有關係，這表示你有進步的機會，還能更愛自己一點。回答下列問題，寫在筆記本上：

- 看一看愛自己自我評估練習圖上，有哪三個「凹陷」特別明顯呢？想兩個辦法，把這三個領域做得更好。

- 該如何建立問責機制，督促你去愛自己？

- 想兩個辦法，在量入為出的前提下，好好愛自己。

　　每星期或每個月做一次自我評估練習，培養你愛自己的能力，迎向富足人生，別忘了標註日期，以便長期追蹤。

　　練習愛自己，可以恢復精神，提升自我價值，這會直接改善心理健康和資產淨值[23]。一個愛自己的人，對別人付出，情出自願，事過無悔，絕不會讓自己忿恨、過勞或耗盡心力。對別人的好意欣然接受，因為相信自己值得被善待。愛自己是一切的根本，唯有如此，才能夠盡情享受你身邊豐盛的愛和富足。現在你學會用愛擁抱自己，接下來，想像你該過怎樣的人生！

ch7
願景

揮揮魔法棒，創造更舒適的生活

「人活著唯一的職責，就是實現自己的天命。」

保羅・科爾賀（Paulo Coelho），《牧羊少年的奇幻之旅》作者，
歷史上被翻譯成最多語言的書。

我的職涯諮商師雅琳・赫希（Arlene Hirsch）說過：「妳規劃事業的時候，必須考慮自己的人生，而非其他因素。」我去找她諮商的時候，正好陷入成家和立業的衝突。她睿智的一席話，讓我更加確信，我的一生（個人生活）比事業（職涯生活）更重要，後來這句話，成了我公司的使命和目標。為了創造豐盛的人生，一定要有願景和計畫。

我讀大學的時候，夢想自己會結婚成家，有一番充實又賺錢的事業。我期待自行開業，工作時間彈性，擁有一個豐盛的人

生，不用整天埋頭苦幹，而是有時間經營人際關係，培養業餘愛好，嘗試新經驗（例如旅行）。等到我快要三十歲，我和前夫考慮生孩子，由於我們家族有妊娠併發症、流產和遺傳變異的病史，醫師建議我在三十五歲之前懷孕，於是我們把成家擺在第一位，一年後就生了莎莉絲特，真幸運，我倆喜出望外。

莎莉絲特兩歲前，我想要多陪伴她，也想多賺一點錢養家，於是我把二十五位個案擠在三天內處理完畢，這相當於全職心理師每星期的案量。每星期週一至週三，我們花錢請保姆。前夫是軟體工程師，週六放假在家，可以顧小孩，省下托嬰開銷。週二、週四和週五，換我在家顧小孩，趁女兒睡覺的時候來做帳和宣傳。我待在家那幾天，辦公室可以分租出去，我自己也沒想到，我做行動心理師的收入比全職心理師多了50％。

我的諮商服務會成功，是因為我選擇跟保險合作，雖然契約費率比較低，但我以量制價，讓每個人都負擔得起，還可以用保險給付，於是有很多個案轉介到我這裡。大家與其等病重的時候，再去做幾次諮商，還不如找我這種平價服務，適合做長期治療，治療效果特別好。我手上的個案甚至超出我的負荷，不得不轉介給朋友和同事。只要我做事業規劃，有考慮我自己的人生，絕對可以兼顧事業和家庭。

有一位同事說，想創業就要快，說她願意幫忙。她是愛旅行的單身貴族，也希望維持工作和生活的平衡，於是我們一起創立

安美城心，為我們自己、員工和個案創造工作和生活的平衡。我們就這樣開業了！辦公室不再分租，而是把旗下諮商業務轉包給幾位心理師，提供其案源、辦公室、作帳服務。不到三個月，我們轉包業務賺來的錢，已經超過以前分租的錢，生意蒸蒸日上。我們頂下這間屋子，內有四間辦公室，戲稱是全球總部，滿心期待我們的願望會實現。

創業一年後，我迎來二女兒克勞蒂雅，舉家搬到芝加哥市郊的艾凡斯頓（Evanston），當地剛好有西北大學。我在西北大學唸研究所時，曾經在艾凡斯頓的一對年輕夫妻家當保姆，他們生兩個女兒，住在一間有後院的小房子，當年的我曾夢想有一天，我也可以在艾凡斯頓養孩子。艾凡斯頓離市區不遠，附近有湖泊，社群組成多元，說是「都會區」也不為過，走路就到得了餐廳和咖啡廳，如果要往返市區，也可以搭兩種列車。

生了二女兒之後，我開始討厭通勤，覺得好浪費時間。我希望辦公地點離家近一點，這樣一來，小孩子有突發事件，我也來得及處理。我決定在艾凡斯頓開設衛星辦公室，只距離我家不到一哩。後來大女兒上幼稚園，二女兒滿兩歲，我再度調整工作時程，原本是三個整天，後來只限縮在女兒上學的時間。

我還記得隔壁辦公室的資深心理師，一聽到我的工作時間只限平日，而且是早上九點到下午三點，無不好心提醒我，那是不可能的任務，因為大部分的個案都偏好晚上或週末，但我仍堅持

這麼做，至於晚上和週末的時段，就麻煩其他心理師接手。久而久之，我的個案都是一些時間彈性的人，讓我可以接送孩子上下課，參加學校活動。大女兒莎莉絲特念小學二年級時，她誇我到校的時間完全剛剛好。我鬆了一口氣！我可是付出許多努力，才達到這種平衡。

安美城心蓬勃發展，我們把願景放大，積極拓點和擴充服務範圍，有時候會受到宇宙的應援，有時候也會事與願違。有一間位於郊區的辦公室慘敗，讓我們學到寶貴的教訓——辦公室最好設在辦公區，而非住宅區。於是，我們再度把公司的願景，重新拿出來組裝和規劃。前合夥人離開前，只有我們兩個人在勾勒願景，做企業規劃。她離開以後，我讓所有高層和外包心理師參與其中，所以公司的願景更豐富完整了。

我跟會計師見面，他問我有沒有退場策略。咦，退場策略？我把心思都放在創業，從沒想過終局呀！我跟合夥人拆夥後，刪減我手上的個案，轉而透過演講和寫作，為我們諮商所宣傳，對我而言，與其做法務、財務、人資，倒不如做行銷。直覺告訴我，我可以花五年的心力，把公司的業務做大，以後可以賣個好價錢。我打算在高點轉手，到時候我就自由了，可以做我愛做的事，實現我的使命。

我出售安美城心時，正好結束婚姻。離婚這件事點醒了我，人生不一定會照著計畫走。我趁那段時間，反思我人生

中，有哪些是可行的，有哪些是不可行的，重新勾勒我的人生願景，設定人生的目標和意圖，盡最大的能力，回歸高我的路。

離婚之前，我曾經有一段黑暗的時光，當年的我用現在式時態寫了一封信，說得我好像已經過著期望的人生。我說，另一半深愛我、支持我，我兩個孩子茁壯成長，我的財務穩定且人生富足，朋友給我力量，我有時間照顧自己和去旅行，我做演講和寫作的工作。我現在的人生，就跟六年多前這封信差不多。我之所以會實現夢想，是因為集中注意力，聚焦於我最美好的人生版本。

治療小站：療程七（20分鐘）

歡迎回來，今天我們要探索人生願景或規劃。這個療程要寫封信給自己，想像你心目中最美好的人生，就像我離婚之前，想像我已經過著期望的人生，把細節全部寫出來。一開始，先問自己下列問題：

- 你心目中最美好的人生，會如何分配工作的時間？
- 你心目中最美好的人生，會如何分配工作以外的時間？詳細

描述你的家庭、社交生活、嗜好。

現在閱讀你寫好的信，找出你特別感興趣的主題。該是你實現人生願景的時候了！

積極主動為自己創造美妙的旅程，不隨波逐流

> 「誕生和摧毀會同時發生，萬物從生到滅，
>
> 就是一段生命旅程。[1]」
>
> 阿米許‧特里帕蒂（*Amish Tripathi*），外交官兼作家

有人過著順流人生，讓外力決定自己的命運；有人規劃自己要走的路，即使曲高和寡，也會帶著信念和勇氣走下去。最高的人生願景，就是我們內心的羅盤，在人生的道路上，始終為我們指出正北方。我們可以自己設計和選擇願景，只不過人生變化多端，實現願景的過程，勢必會載浮載沉、高潮迭起、波折不斷。我們的功課就是靠自己克服難關，努力尋求平衡、完整和自我實現。

人生不一定會照著計畫走，難免會有暴風雨、洪水、乾旱，所以我們會隨著時間改變願景。正因為如此，現在比以前

更需要願景了，否則一不小心就偏離自己的軌道。無論年紀多大，無論人生走到哪，學習和成長都是一輩子的事；願景也要持續拓展。如此一來，我們才會創造自己期望的人生。

願景不是終點，而是過程。一路向前走，可以拓展視野，我們眼前所見會比原本想像的更美麗寬廣。勇敢探索新世界，就有機會成為別人的領路人。

人生願景是必要的，也是無價的，尤其是在下列時刻：

- 你正要展開人生旅程（也許是剛成年或正準備創業）。
- 人生走到死路，需要立刻改變。
- 面臨人生里程碑或過渡期，需要改造自己。
- 聽見世界的呼喚，想成為一股正向改變的力量。
- 追求更高的意識，期望自我成長。

確立願景，越早開始越好，但永遠都不嫌晚。記得在一場演講結束之後，有位年老的聽眾說：「我真希望四十年前就聽到妳演講，人生肯定會不一樣。」可是下一場演講，我遇到一位七十歲老婦人，她興奮不已，上前對我說：「我迫不及待要落實妳的建議，規劃我人生新的篇章！」你看得出來這兩個回應有什麼不同嗎？這會不會影響他們對未來的願景？不管還剩下多少壽命，都要有力量創造最好的人生。

所謂人生願景，是為未來的生活和事業做規劃。我有無數位

個案發揮自己的力量，把人生改造成他們從未想過的樣子，我自己看了大大佩服，深受鼓舞。你也做得到！還記得第五章的內容嗎？只要活在當下，就可以連結內在光芒和高我，如果再活出自己的核心價值，願景絕對會實現。

　　我有一位個案叫傑克，在他父親的草坪維護公司任職，已經二十九歲了，卻依然住在家裡，感情不太順利，也沒什麼自信。我們請他回顧一下，在他更年輕的時候，父親還沒逼他接家族企業之前，他對人生懷抱什麼熱情。他突然想起來，自己曾經夢想開一間油漆公司。

　　等到傑克建立自信心後，他主動跟父親坦言，他想在工作之餘做油漆事業，雇幾位朋友來幫忙。不久，他父親的客戶都開始找他刷油漆，案量甚至多到他做不來，只好雇更多人手。不出幾個月，他開始介紹客戶給他父親，他父親也忙不過來，不得不多請一些人，其中一位新員工是要頂替傑克在油漆事業的職位。傑克的行銷和管理長才，令父親刮目相看。從此以後，他們兩人的關係，不再是父與子，而是男人與男人的關係。傑克的自尊提升了，財務狀況也變好了，最後他終於有能力搬出來，租一間不錯的房子，約會也就更方便了。傑克就是有構築人生願景，才會實現這一切。

　　我準備一些練習，幫助你釐清人生願景。做這些練習之前（以及第七章其他練習），記得做幾個深呼吸或者做一下冥

想，把注意力拉回當下──活在當下，會更容易勾勒願景。連結深層的自我，選擇對自己最有意義的目標，而非別人所期望的目標[2]。做這些練習，不妨把自己想成藝術家，正在創作你人生這部大作。順著你內心的渴望，盡量勾勒出偉大、美好、明亮的願景。記住了，我們曾經在第一章〈豐盛〉提過，你擁有多一點，別人不一定會擁有少一點，所以大可放心做夢！

　　好，我們開始吧！

寫個人宣言（10 分鐘）

　　個人宣言是在宣告你的核心價值和主張，以及你想過怎樣的人生。這是你人生成長和蛻變的基礎，激勵你活得充實，並且在逆境中提醒你，勿忘初心[3]。

　　我的個人宣言是「我帶著慈悲、勇氣和喜悅，活在這個世界上。我做的每一件事，都在奉獻我自己，實現高我的目標，給人鼓勵和支持，讓受苦的人們心裡好過一點，加強人與人的連結，追求成長。我活出有力量、平衡、喜悅和富足的人生。」

　　根據專家的建議，寫個人宣言有幾個祕訣[4]，不妨自問下列

問題：

- 我有什麼獨特的天賦和強項？

- 什麼是我最堅持的信念和價值？

- 我想過怎樣的人生？

- 我最喜歡做什麼事？我覺得什麼最有意義？

- 如果想活出最美好的人生，我必須做什麼改變？

　　換你試試看！以三到五句話，寫出高我的人生宣言。盡量用正向肯定語、自信的口吻、現在時態，涵蓋你的生活、事業和財務。寫好個人宣言，不妨列印出來，貼在冰箱或軟木黑板，或者設為手機桌布。

把夢想做大（30 分鐘，一輩子的練習）

　　回答下列問題，寫在筆記本上：

- 假設你有一根魔法棒，你會過怎樣的人生？你在生活、工作和財務上，會有什麼夢想和抱負呢？

- 列出你的願望清單。寫下五至十件你想體驗的事情，包括想

去旅行的地方。

• 最後，你想留下什麼給世界呢？你希望對這個世界有什麼貢獻呢？你心目中有什麼慈善的目標呢？

重頭戲來了！**把你寫出來的內容告訴別人，這樣會更真實，彷彿你在跟全宇宙下正式的訂單。**如果你這麼做會覺得不自在，擔心自己要求太多，千萬要記得，你的要求一點也不多！找你所愛的人或者你信任的好朋友，訴說你心中的願景，這可是實現願景的重要一大步。

維持工作和生活的平衡，追求長遠的成功

健康和人際關係是你富足的基礎，一定要細心呵護，否則你的事業和財富有可能搖搖欲墜。你在設定人生願景的時候，別忘了維持工作和生活的平衡，還有追求個人幸福，否則成功是不會長久[5]。就算要拚事業和拚財富，也要顧好個人生活，才有時間維護健康、人際關係、培養嗜好等。

在不同的人生階段，對於工作和生活的平衡，可能有不同的看法，取決於下列幾個條件：

• 工作要求

• 家庭責任

- 自我照顧：睡眠、營養、運動、休閒
- 家裡有沒有小孩、老人或寵物需要照顧
- 社交／家庭的義務
- 意外事件：生病或意外、全球危機（如新冠肺炎疫情）

　　如果你是沒有家累的單身人士，最大的挑戰可能是限縮工時。我很多個案還是單身或者沒有小孩，經常被要求加班，支援那些有小孩的同事[6]，搞到沒時間照顧自己，打理個人生活。我們一起來練習堅定自信的溝通，設定健康的界線吧。

　　至於單親爸媽，想要維持工作和生活的平衡，就更難達成了！缺乏人力和金錢的後援，卻要承擔過多的責任，只好先犧牲自己的幸福。至於沒有小孩的夫妻，無論是分攤家務和家用，或是互相協調工作，都需要雙方的溝通、合作和妥協。至於有小孩的夫妻，家務的分攤就更複雜，其中一方恐怕要改為兼職或辭職在家帶小孩，在家帶小孩就跟賺錢養家一樣重要。二〇一八年 salary.com（美國一家提供薪酬與薪資分析軟體服務的公司）計算全職爸媽帶小孩的時數，估計在家育兒的父母親，一年締造了 162,581 美元的經濟價值。二〇一八年大約有 1,100 萬人決定親自帶小孩（其中 7% 為男性，比一九八九年 4% 還要高）[7]。千禧世代偏好辭職在家帶小孩，有 21% 千禧世代的父母親做這個選擇，相形之下，X 世代的父母親只有 17%[8]。

不管有沒有人在家帶小孩，工作和家庭的衝突都是難免的。當工作槓上家庭（臨時要出差，只好錯過女兒的表演），製造的不是家庭問題，而是工作表現低落[9]。因此，無論是老闆和員工，都應該重視工作和生活的平衡，這攸關幸福和生產力！反之，當家庭槓上工作，製造的不是職場問題，而是家庭問題[10]。有一對夫妻找我做婚姻諮商，老公的工作是律師，經常把工作帶回家，卻頻頻被小孩子打斷，對老婆心生不滿，怪老婆沒管好小孩子。

如果遇到這種情形，雙方就要坐下來，協調好工作和家庭的計畫。工作和家庭的衝突，容易發生在有學齡兒童或幼兒的家庭，尤其是新手爸媽，或者孩子還沒上幼稚園，對工作的殺傷力特別大。如果工作比較有彈性，比方可以自行調整工作的時間和地點，就有助於緩解工作和家庭的衝突。因此，剛當爸媽的人，特別需要追求工作和家庭的平衡[11]。

記住了，維持生活平衡是你個人的責任。只有你才可以在時間的轉盤上把人生形塑成你想要的樣子。人生起起伏伏，你所要承擔的責任時多時少，你和所愛之人要攜手合作，努力實現工作和生活的平衡，這樣的幸福和平衡才會長久。

財務健全大補帖：設定財務規劃

財務規劃要列出長短期目標，還有行動計畫。短期目標可能是還清小額的信用卡債，為下個月的旅行存錢或者未來幾個月要創業。長期目標有償還學貸、買屋、儲蓄退休基金。長期和短期目標要分開寫，標註預計達成的日期以及你所需的資金。如果你有理財規劃師，不妨表明你有多少資金需求，理財規劃師會提出務實的計畫，追蹤你長期的進度。

還記得我和前夫剛新婚，住在只有一房的小公寓，當時我的短期目標是買腳踏車和電視，光是這兩樣小東西，我就覺得好難，更別說要買房、付清學貸、生小孩。羅馬不是一天造成的，財務規劃和財富累積都需要時間。越早做規劃，越可能達成財務目標。我會環顧周圍的人，看著他們達成我期望的目標，我便相信我也做得到。而你，也做得到！

財務規劃還有另一個面向，聽起來有點可怕，那就是如何處置你死後的遺產。如果你擁有財產，或者有家屬需要你撫養，一定要寫好遺囑，讓所愛的人知道你的期望。遺產規劃要找律師幫忙，安排好你活著和死後的財產（包括房地產和資產），以減少贈與稅、遺產稅、隔代轉讓稅和所得稅。雖然這不是容易的決定，但為了所愛的人，為了留給後世方便，你非做不可。

實現願景

「先說你要成為什麼樣的人，接著做你必須做的事[12]。」

愛比克泰德（*Epictetus*），希臘哲人

現在你越來越清楚自己的願景，以及你想留給後世的遺產，如果把下面三件事都做了，你實現願景的機會就更大了。

1. 依照你的目標，擬定行動計畫。
2. 依照你的願景，活出生命目的。
3. 觀想成功。

下面的練習，我會陪著你一起完成這三件事。

擬定行動計畫（45 分鐘，一輩子的練習）

為生活、工作和財務擬定行動計畫，聽起來很可怕吧？但其實沒有那麼複雜或耗時，你反而還要化繁為簡。照著下面去做：

- 拿出筆記本，寫下未來一年，你對於生活、工作和財務的目

標，記得依照重要性排列，至少有兩個目標要跟財務有關。

- 你寫的目標要符合 SMART 原則：**明確（Specific）、可測量（Measurable）、可達成（Achievable）、務實（Realistic）、時限（Timely）**[13]。我舉兩個例子，一個是「我今年要存 1.5 萬退休基金」，另一個是「我九十九歲之前要存很多錢」，前者就比較明確。

- 把大目標化為小目標或小任務，例如下禮拜要打電話給財務顧問，把你的目標說明清楚，請他幫忙研擬計畫，幫助你達成目標，或者設定每個月自動儲蓄 1,250 元。

- 讓別人知道你的目標，尤其是你的理財規劃師或心理師，建立一套問責機制，跟他們一起長期追蹤進度。

　等你完成這項練習，你實現願景的機會更大了，恭喜你！

活出生命的目的（10分鐘，一輩子的練習）

所謂生命目的，是存在或生活的方式，是現在式時態的宣言，支持你去實現目標。偉恩・戴爾（Wayne Dyer）著有《意圖的力量》（*Power of Intention*），他曾經說過：「意圖創造現實。[14]」

好，我們開始吧！

- 拿出筆記本，分別在三頁寫下生活、工作和財務的意圖，如財務的意圖，可能是「不浪費，聰明花錢」。

- 每一頁都要寫出三至五個簡短正向的意圖，這會在未來支持你實現目標，不妨在每天清晨或夜間冥想前，複習或複誦你這些意圖。你複誦的次數越多，越可能實現。

- 養成日常小習慣，為這些意圖而努力。瑜伽的「修行（Sadhana）」一詞，意指每天不懈的練習，這是完成某件事的途徑。薩古魯說過：「每件事都可以是修行，你吃飯的方式，你坐的方式，你站的方式，你呼吸的方式，你指揮身體、頭腦、能量、情緒的方式，全部都是修行。修行不是特定的活動，而是你正在利用一切，邁向幸福。[15]」把你的意圖化為生活方式吧！

觀想成功（15 分鐘，一輩子的練習）

觀想好的結果，稱為正向觀想，長期應用在運動心理學。**只要想像自己實現了目標，成功的機會就越大。**許多神經科學家都證實了，觀想有助於提升身體反應，追求期望的結果，例如儲蓄或累積財富[16]。為了方便客戶做觀想，銀行經理和理財顧問會設定明確的目標，鼓勵客戶盡最大努力，做最好表現，把儲蓄金額衝到最高[17]。我演講之前，也會想像演講的過程一切順利，以抒發緊張情緒，提升自信心和表現。

現在換你試試看正向觀想。把雙眼閉上，假裝你已經實現人生願景，觀想你過著富足、充滿愛、健康、支持滿滿、成功的人生，你的期望都實現了，包括你的生活和事業。當願景實現後，你有什麼感覺呢？

你已經瞥見自己成功的未來，該來做第七章的自我評估練習了。以下的願景自我評估練習，整合你在第七章學到的技能，測試你在各個人生面向，有沒有好好的實現願景。

自我評估表（20 分鐘）
願景

日期：_____

依照下列評分標準，在每個問題的空格，填入你的自評分數：

不佳（1～3）、尚可（4～5）、良好（6～7）、極優（8～10）

不良			尚可		良好			極優	
1	**2**	**3**	**4**	**5**	**6**	**7**	**8**	**9**	**10**

人生規劃：人生規劃是全套的人生願景，當然也包括你的個人宣言。你是否會規劃人生呢？_____

事業規劃：這是事業或創業的規劃，會幫助你發揮天賦，以滿足世界的需求。你是否會規劃事業呢？_____

生活和工作的平衡：做這方面的規劃，可以保護你的私人生活，包括人際關係和整體幸福。說到生活和工作的平衡，你是否會做規劃呢？_____

財務規劃：這是你對未來財務的規劃，說到設定財務的目標、行動、項目和問責機制，你會給自己打幾分？_____

有意圖的活著：所謂有意圖的活著，就是活出你的個人宣言，堅持特定的生存之道，實現你的目標和願景。你會給自己打幾分？_____

觀想成功：經常練習觀想，想像自己人生各層面都成功了。你是否會觀想自己人生各層面的成功呢？_____

日常習慣：養成日常生活習慣，以實現生活、事業和財務的願景。你會不會善用日積月累的習慣，加速你實現願景？_____

健康目標：包括心理、生理、心靈的健康、內心的渴望。你有沒有建立健康的目標，為自己爭取全方位的幸福呢？_____

人際關係目標：你對於愛、連結和支持，有什麼需求和理想呢？你到底期待怎樣的關係，你有沒有花心思想清楚呢？_____

培養嗜好：你有沒有休閒和玩樂的時間？你是否重視自己的嗜好呢？_____

慈善規劃：你有沒有想過如何造福世界？你離開人世時，想留給世人什麼呢？關於慈善規劃，你會給自己打幾分？_____

心願清單：你這一生還有什麼想體驗的嗎？你有沒有想過自己的心願清單？_____

　　把你的答案填在願景自我評估練習圖上（如果忘了怎麼寫，可參考第 42 頁「財務健全自我評估練習示範」的範例圖），先從最上方開始填（你在人生規劃的面向，是不佳、尚可、良好或極優呢？），在那根輻條標示你的分數，然後繼續完成其他輻條。等到每一根輻條都評分完畢，把這些小點連起來。對了，這是在確認你有沒有做好願景規劃，而非你有沒有實現願景。只要做好規劃，願景自然會實現！

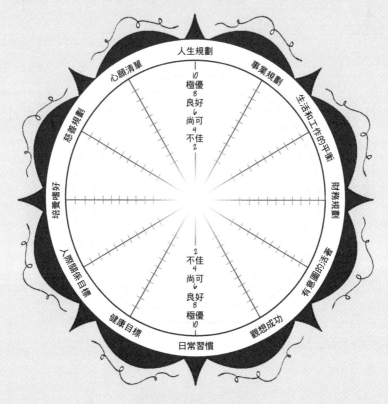

願景自我評估練習圖

回答下列問題，寫在筆記本上：

- 看一看你的願景自我評估練習圖上，有哪三個「凹陷」特別明顯？

- 如果要改善這三個領域，你覺得會面臨什麼障礙和挑戰呢？

- 你需要什麼協助？

不妨每三個月做一次練習，確認在你心目中，怎樣才是圓滿豐盛的人生。記得標註日期，以便長期追蹤。

現在你已經知道自己的願景，下一章會探討你在實現夢想的過程中會需要什麼樣的協助！第八章教大家如何支持別人，以及向別人求助。

ch8

支持

付出和接受是一體兩面

> 「一個人能做的不多，但一群人可以創造無限可能。」
>
> 海倫‧凱勒（*Helen Keller*），作家兼政治運動家

　　我就跟大多數女性一樣，以付出的多寡肯定自我的價值。從小到大，大人叫我做乖女孩，不要成為別人的負擔，所以我在關係裡面不太會提出要求，但我當媽媽之後，我撐不下去了。

　　「我需要幫忙。」大女兒出生後一個月，我這樣跟前夫說。可是，又過了一個月，情況沒有改善，我把大女兒抱回嬰兒床時發生椎間盤突出。我的背會搞成這樣，可見我缺乏後援。坐骨神經痛已經蔓延到我的腿，連續痛了六個月，我不得不改變。我找到厲害的治療師，例如整脊師和針灸師，幫助我痊癒。我參加新手媽媽支持團體，跟女性朋友求助，學會追求施與

受的平衡。我提出自己的要求，詢問我前夫能否幫忙，如果他做不來，就花錢請別人做（例如洗衣服或雜事）。

我的事業和財務，能有今天的成就，也是獲得別人的支持。我姊姊泰瑞莎很給力，她鼓勵我去申請西北大學。我說那是名校，不可能挑中我，但我還是申請了。命運就是那麼奇妙，最後錄取我的竟然只有西北大學，謝謝泰瑞莎！至於艾克朗大學，咱們走著瞧囉！

我曾經去養護中心面試，裡面收容慢性精神病患，有一位病患把奇多餅乾（Cheetos）砸在我黑色套裝上，面試不順利，我悶悶不樂，打電話跟泰瑞莎訴苦，心想只能去餐廳應徵服務生，學貸別想還清了。泰瑞莎衝來我公寓，帶了一束鬱金香和一大袋奇多餅乾。她拿出電話簿，找到附近一家諮商所，鼓勵我去應徵，於是我就找到了兼職，讓我有機會參與諮商所的營運。泰瑞莎對我的支持，澈底改變我的人生軌跡。我就是在那間諮商所遇見我的人生導師馬克，他一直是我的事業顧問，最後我們變得跟家人一樣親。我剛成立諮商所時，我跟馬克說，我不跟保險公司打交道，因為流程太複雜。他的回應嚴厲而慈愛，坦白跟我說：「妳非做不可。」他大方分享他跟保險公司交手的祕訣，後來這一塊收入，意外成了安美城心的主力。

幾年後，我的合夥人離開了，我跨越羞愧、驕傲和內疚等心魔，向外爭取更多支持，成為我事業和財務的助力，諮商所每

年的營收成長 20～30％，不僅開設新的辦公室，還招聘更多的員工，心理師總數突破百人。我創立諮商所，需要傾注眾人之力，而這一路上始終有人幫我，因為我大方提供工作機會、實習機會、指導機會，等到我願意敞開雙臂，接受別人對我的支持，我所獲得的回報，是我原本付出的三倍！我再也沒有孤軍奮戰的感覺。

後來我再婚，我現任丈夫傑森個性體貼溫柔，一直在撫慰我的心，我逐漸學會欣然接受幫助。我們在一起前幾年，我還不是很習慣，最後我想通了，這是我從未有過的經驗，就連我小時候，也沒有獲得什麼支持。等我學會接受別人的支持，我終於感受到愛、安全和連結，幸福滿溢，讓我在扮演父母親、朋友和同事的角色時，比以前更有耐心，更慈愛。現在我的人生支持滿滿，不斷成長進化。我接納別人的愛、支持和富足，不再自己單方面付出，也給別人成長的機會。

治療小站：療程八（20分鐘）

歡迎再度光臨！今天要為你的人生爭取更多支持。回答下列問題，把答案寫在筆記本上：

- 寫出人生中兩大挑戰。誰幫助你度過難關呢？對方是怎麼幫你的？

- 誰對你的生活和事業幫助最大呢？列舉四個人。這些人如何改變你的生命軌跡？

- 你有沒有人生導師，可以為你的事業提供指引？他們是如何幫助你成功的？

- 你人生還有哪些面向缺乏支持呢？

- 回想上一章的人生願景。如果要實現你的願景，你的支持團隊還需要哪些成員呢？他們可以幫上什麼忙？

現在我們來練習吧！欣然接受別人的支持，進而改善心理健康和財務。

維持施與受的平衡，讓自己過得更富足

> 「有時候，難免會需要別人幫忙。
> 無論我們是伸出援手的人，還是接受援助的人，
> 對這個世界都有寶貴的貢獻，正因為如此，
> 我們才會是夥伴關係，每個人既是付出者，也是接受者[1]。」
>
> 佛瑞德・羅傑斯（Fred Rogers），電視節目主持人，長老宗牧師

「支持網絡」就好比銀行帳戶，你必須先有存款，才有錢可以提領。人與人之間的支持，也是禮尚往來，你必須先有付出，別人才願意支持你。

你身邊有沒有一種人，超會利用別人？我的個案喬就是這樣，一下子就把人脈消耗殆盡了。他總是搭朋友便車，讓朋友請客，麻煩同事代班或加班，過不了多久，他朋友沒了，自己心情也憂鬱。為了平衡施與受，他必須學習為自己負責，感謝別人的支持，回過頭支持別人。做了這些轉變之後，他的支持網絡比以前更健全，憂鬱症也緩解，工作表現也變好。喬越是幫忙別人，越是利他，身心就越健康，久而久之，他開始建立穩固的支持網絡。

我在此提醒大家，一心幫忙別人，也是有壞處的，例如幸福感降低，過度操勞，更焦慮、焦躁、憂鬱，產生心理壓力，對工

作不滿意，容易換工作，把自己累壞[2]。這就是為什麼要一邊支持別人，一邊照顧好自己，並且接受別人的支持。施與受的平衡，會隨著時間改變。當你遇到逆境、難關或災難，可能需要多一點支持，比方我的好朋友正在對抗乳癌，朋友會載她去看醫生，陪她去打化療，朋友情義相挺，是因為她平常很照顧朋友。真感謝老天爺！她現在恢復健康了，一如往昔做別人的後盾，並且接受別人的支持。

我們幫忙某人，有時候會經由另一人，間接回報給我們。我永遠忘不了，我為了女兒，去當女童子軍活動的志工，結識一位家長，後來我媽媽過世的那段時間，她主動幫我接送孩子，甚至做飯給我們全家吃。天哪！我完全沒想到，我會從新朋友身上，獲得這麼多寶貴的協助，真是太感動了！

人生階段不同，對支持的要求也不同。剛出生的時候，全然依賴父母親，到了青春期，逐漸渴望獨立。當我們開始建立友誼、夥伴關係、同學關係，要學習跟別人互助和互賴。當我們養寵物，生孩子，有父母要撫養，會成為對方主要的後盾，例如金援。剛出社會不久，特別需要前輩的指導，可是在職場打滾久了，累積更多經驗，就有能力去指導別人。因此，我們要養成習慣，定期評估施與受的平衡。

現在來做一些練習，追求施與受的最佳平衡吧！

為自己充電（15分鐘，一輩子的練習）

回答下列問題，寫在筆記本上：

- 支持網絡就好比銀行帳戶，你的帳戶是正值還是負值呢？為什麼呢？

- 你是不是付出得太多，接受得太少？如果是這樣，你該如何接受別人的好意，為自己充電呢？

- 如果你有維持施與受的平衡，你的人生會如何呢？該如何做到？

現在來移除前方的阻礙，追求施與受的平衡吧！

穿越重重心理障礙，敞開心胸接受別人的支持

> 「除非你願意敞開心胸，接受別人的好意，
>
> 否則不可能無條件付出。
>
> 若你戴著有色眼鏡，看待接受援助這件事，
>
> 你也會在有意或無意間，戴著有色眼鏡，
>
> 看待援助這件事[3]。」

布芮尼・布朗（Brené Brown），暢銷書作家、研究人員、教授

　　我們獲得的支持越多，對我們越有好處，但是很多人在有意或無意之間，拒絕別人的好意。我從個案（還有我自己）觀察到，下列這些因素會妨礙我們去接受別人的支持：

心理障礙	如何克服
自尊低落，覺得自己不配	建立自我價值，愛自己
罪惡感，誤以為有缺陷的人，才需要別人幫忙	善待自己，接納自己
不想成為別人的負擔，怕惹別人生氣，怕留下把柄	自信（慎選支持），信任
羞愧、怕丟臉、覺得自己不夠好	善待自己，接納自己
後天習得的無助感（覺得自己什麼都做不好，就連開口求助也做不到）	給自己力量，信任
無濟於事的感受（做什麼也沒用）	樂觀，信任
難以信任（正常的創傷反應）	自信（慎選支持），信任，保持信念
過度獨立，太在意自主性（可能跟文化有關）	互賴，建立互助和互惠的關係
人我界線僵化，難以跟別人連結	敞開心胸，做自己
力量或掌控力不足（小我作祟）	合作，信任

心理障礙	如何克服
怕別人一起沾光（如果靠自己的力量完成，所有功勞都會是我的）	合作
傲慢（我的方法最好）	謙卑
驕傲	謙卑，示弱
從小被灌輸的觀念： ・求助給人脆弱的感覺 ・當個乖女孩，不要給別人製造麻煩 ・女性的價值建立在養育和付出之上 ・拿出男子氣概，堅持到底，靠自己	・善待自己（承認你是凡人，所以需要別人的支持，這是你應得的） ・肯定自己（正向的自我對話，鼓勵自己去接受必要和應得的協助）
覺得浪費錢（花錢請外人）	投資自己，善用資源，發揮創意
個性內向	找到適合你自己的支持（可能是一對一或線上協助）
手邊缺乏資源（尤其是偏鄉地區，缺乏社區服務）	接受線上的協助，以視訊的管道接受諮詢、治療或指導

透過這些練習，你會逐漸培養右欄的能力，你越是愛自己，關心你自己，你對別人的支持會越大，別人對你的支持也越大。現在來爭取你應得的支持吧！

清除心理障礙，接受別人的支持
（25 分鐘，一輩子的練習）

回答下列問題，寫在筆記本上：

- 什麼是你最大的心理障礙？列出三～五個。
- 這些心理障礙對你的人生有什麼負面影響呢？
- 想出三個辦法，嘗試在這個星期內，克服這些心理障礙。

做得好！如果你平常不太會開口求助，從下個星期開始，試著跟別人求助三次，記錄你跟別人求助的感受。如果你感到不自在，也沒有關係，求助其實是一種能力，需要長期的練習和培養。

經營支持網絡，改善心理健康

支持網絡就宛如人力資源的花園，你必須悉心照料，拔除有害的關係，並埋下新關係的種子[4]。

拔除有害的關係

　　大家都遇過有害的關係，可能是朋友、家人、另一半、鄰居、同事或老闆，這些關係會消耗精力，散發負能量，讓人生充斥著無謂的小劇場或衝突，以致自尊低落、不安、憤恨、沮喪或焦躁。我很喜歡一句話「關係就像是電梯的按鍵，可以帶你上天堂，也可以帶你下地獄。」擺脫有害的關係，才有餘裕發展正向的關係。

　　如果是網路上的關係，第一步先縮短你使用社群媒體的時間，比方網友常刊登負面的內容，那就取消追蹤。如果網友會在你的網頁留下負面評論，那就解除朋友關係、取消追蹤或直接封鎖。千萬不要在網路上跟別人爭論，如果非要走到這一步，你的回應要盡量中立，例如「我有不同的看法，那就互相尊重吧！」千萬不要把其他人捲入紛爭，這樣對你的害處只會更大而已。記住了，你有權刪除自己網頁上的任何言論。除非你想看負面評論，否則不要在社群媒體刊登政治、宗教或極為私密的文章，畢竟徒有文字，缺乏聲音、語調等非言語線索，訊息難以表達清楚，一不小心就造成誤解了，誤以為別人在挖苦你，但或許別人並沒有這個意思。

　　菲爾博士（**Dr. Phil**）說過：「**別人會怎麼對待我們，其實都是我們自己教出來的** [5]。」物以類聚，當我們活得越健康，會吸引更多健康的人，還有正向的關係。我們遇見的每個人，都是

有理由的。再怎麼難搞的關係，都是一份祝福，讓我們有機會學習和成長。關於有害的關係，無論是線上或實體，我都會建議個案問自己幾個問題[6]：

- **這個人／這段關係造成的害處，是短期的，還是長期的？**如果對方正面臨人生的挑戰，例如離婚、生病或愛人離世，可能因為自己狀態不太好，暫時對你們的關係有害。反之，有些害處偏向人格層面或關係模式，負面影響會更深遠，恐怕不是暫時的，需要謹慎處理。不過，若涉及肉體或精神虐待，不管長期或短期，皆不可姑息。

- **這段關係有多親密呢？**對你有多重要呢？越親密的關係，對你越重要，可能就更難處理了，例如你跟另一半或父母的關係，比起你跟鄰居或同事的關係，自然是剪不斷理還亂。這時候不妨問自己「我從這段關係獲得的好處，有沒有超過我付出的代價？」

- **什麼是你掌控得了和掌控不了？**你可以控制自己的界線（付出的時間、接收的訊息、互動的頻率）、溝通方式、行動、回應。至於對方，就不是你能夠掌控的。

　　你只能管好分內之事，言詞真誠、堅定自信、婉轉圓滑，**表達情緒時盡量以「我」當主詞，建立健康的人我分界**。至於對方要不要改變，那就是對方的決定了。你可以決定的是，要不要讓

對方繼續停留在你的人生中。如果你一再表達相同的需求，設定相同的界線，對方卻無動於衷，這段關係恐怕有諮商的必要，或者考慮分手。

結束一段關係，對雙方而言都不容易，所以大家要反覆灌輸自己，揮別有害的人，才有餘力迎接正向的人。每次我跟某位同事私下見面，都要吃止痛藥，後來我覺悟了，我幹嘛要陷入這種不互惠或不互助的關係呢？我心想「何不把時間花在更正向、更互助和更互相滋養的關係呢？」往後每一季，我不再約她私下吃早午餐，但偶爾會邀她一起去進修或者其他社交場合。我只是改變跟她互動的方式，一方面可以保持正向的專業交流，另一方面減少個人負擔，這樣我才有餘裕去結交對的人，而非把時間花在消耗我心力的朋友上。

埋下新關係的種子

死亡、關係破裂、分離或搬家，都可能壓縮我們的支持網絡，這時候就要納入新成員。我有一位個案，在一年之內失去兩位親姐妹。這不僅僅是喪親之痛，她失去的還是每天都會問候關心彼此的對象，再也沒有人陪她暢聊生活大小事了。她為了填補這個缺口，詢問身旁的朋友，有沒有人願意當她的「姐妹」。她沒想到自己勇敢開口竟獲得如此多支持。過了一年左右，她跟某個朋友的關係，甚至比親姐妹還親。

　　既然未來不可測，那就好好經營支持網絡吧！長大以後，結交新朋友變成一件尷尬的事，尤其是天性害羞、內向、有社交恐懼的人。下列是我的建議：

- 每星期至少有一天晚上，去參加社交活動，可以結交新朋友或者維繫友誼，不妨透過 Meetup 之類的網站，搜尋附近的社交活動。

- 參加每星期一次的社團、課程或聚會（例如冷知識之夜或遊戲之夜、讀書會或校內活動），試試看能否每星期跟一兩個新朋友聊天。

- 從朋友圈找比較外向的人，結伴參加社交活動，幫助你結識新朋友。

- 如果你不習慣聊自己的事，那就丟問題給對方，大多數人都喜歡聊自己的事。

- 允許自己提早離場。參加社交活動一小時，就足以擴充支持網絡。

- 如果你只想結交網友，不妨考慮線上支持團體，跟朋友一起看影片，玩社群網路遊戲，透過健身 App（例如 Peloton）或商業 App（例如 LinkedIn）維繫友誼或結交新朋友，參加各種不同的線上團體，多刊登文章，結識志趣相投的人。

- 為後續的交流播種。跟對方提議，互相交換資訊和聯繫方式。我知道這麼做可能會令你不安，但是忍一下就過了，被

對方拒絕也無妨，說不定會結交好朋友，為自己爭取長期的
支持呢！

- 參加完社交活動，別忘了獎勵自己，用健康的方式照顧自
己，例如給自己幾個小時安靜閱讀好書。

交朋友首重真誠、實在、同理、體貼和傾聽，想一想你有
什麼可以付出（例如資源、人脈或生意），而非有什麼可以接
受。研究調查顯示，你從支持網絡獲得的社交人脈，跟薪資和升
遷大有關係[7]。

你現在學會經營支持網絡了，是時候應用在財務上囉！

財務健全大補帖：創造滿滿支持的財務生活

為了創造支持滿滿的財務生活，你需要值得信賴的人和團
體，陪著你一起照顧好財務。下面列出幾個建議：

- **近朱者赤，近墨者黑**[8]

你心目中的常態，受到你交往的對象影響。你身邊的朋友是
不是都財務健全呢？還是說，全是入不敷出的人呢？我的意
思不是要你立刻換掉朋友，但至少要覺察朋友對你的影響，
結識財務狀況良好的朋友。

- **如果有另一半，一定要跟對方聊一聊共同財務狀況**

  每一對伴侶有各自不同的理財方式。有些伴侶關係形同室友，不干涉對方的財務，有些伴侶是共同處理財務，有一些伴侶則介於上述兩者之間。財務問題是婚姻諮商最常見的問題，也是訴請離婚的主要因素[9]。因此，你必須學習如何去溝通、表達和解決金錢問題。你可以靠自己，例如每星期或每個月撥時間確認財務狀況，也可以找心理師或理財顧問幫忙，為你和另一半主持或調解，讓雙方的討論和決策更順利。

- **如果你還單身，找個人來鞭策你**

  你朋友之中，有沒有人也在改善財務狀態？你們可以定期查核對方，有沒有達成財務目標。

- **找一個財務顧問、理財規劃師、債務顧問**

  就算你有理財知識，聽一聽專家的意見，也會獲益良多。找一個理財顧問，就好像為財務找個人教練，有人會在旁邊激勵你、訓練你、鞭策你。只不過，金融產業有一個問題，那些理專同時也為銀行效命，所以會推銷金融產品，例如壽險。你必須擦亮眼睛，找一個真心想協助你實現財務自由的人。為了找到對的人，最好多聽取別人的意見。

- **考慮上理財課程或參加支持團體**

  如果你有心改善財務，不妨報名理財課，累積理財知識。如

果你陷於低薪、衝動購物或卡債的問題，始終走不出來，不妨參加十二個步驟解除成癮團體。

　　該如何改善財務呢？建立穩固的支持網絡，就有這個好處喔！

　　你還不清楚自己的支持網絡嗎？快來做支持網絡自我評估練習，你就會明白你的支持網絡有哪些人，分別提供你什麼支持，有哪些缺陷需要改進。

自我評估表（20分鐘）
支持網絡

日期：＿＿＿＿＿＿＿＿

依照下列評分標準，在每個問題的空格，填入你的自評分數：

不佳（1～3）、尚可（4～5）、良好（6～7）、極優（8～10）

不良			尚可		良好		極優		
1	**2**	**3**	**4**	**5**	**6**	**7**	**8**	**9**	**10**

身體健康：照顧你身體健康的人包括家庭醫師、專科醫師、整合醫療醫師、眼科醫師、療癒師、按摩師、營養師、個人教練、物理治療師，以及一起運動的夥伴。你有沒有針對身體健康，建立完備的支持系統呢？＿＿＿＿

心理健康：照顧你心理健康的人包括心理師和精神科醫師、對你而言重要的人、家人、人生教練、支持團體、十二個步驟解除成癮團體。說到心理健康，你有沒有建立完備的支持系統呢？

＿＿＿＿

情緒：提供你情緒支持的人，包括另一半、家人和朋友。你有沒有獲得適量的情緒支持呢？＿＿＿＿＿

事業：提供你專業支持的人，包括職涯諮商師或教練、顧問、人生導師、同行、主管。如果你還在唸書，這方面的支持團體可能是升學顧問、老師、同學。如果你在家帶小孩，凡是育兒社群的人，都可以提供你支持。你有沒有獲得適量的事業支持呢？＿＿＿＿＿

財務：協助你維持財務健全的人，包括會計師、資產管理師、債務合併服務、支持團體、遺產規劃律師、問責夥伴或理財規劃師。想一想有哪些機構或人員，可以在財務層面協助你，順利完成借貸、申請補助、償還貸款等。說到財務層面，你有沒有獲得適當的支持？＿＿＿＿＿

家庭關係：這包括父母、手足、孩子、自選家人、大家族、另一半的家人、寵物。你的家族支持系統夠不夠強大呢？＿＿＿＿＿

友誼：你有沒有重要的朋友？他們是你信賴的知己，友愛、常伴左右、忠誠、照顧你、幽默風趣。你有沒有很多支持你的朋友呢？＿＿＿＿＿

伴侶關係：如果你有另一半，這個人就是你的伴侶。如果你正

在跟一個以上的人約會，那些人也是你的伴侶。如果你沒有伴侶，也不想找個伴，直接給自己十分。你在伴侶關係中，有獲得足夠的支持嗎？＿＿＿＿

社交╱社群：提供你社交機會的團體或活動，包括做禮拜、社區活動、音樂會、朋友聚會、健身、冥想團體、機構的會員、鄰里、禱告團體、十二個步驟解除成癮團體、瑜伽工作室、育兒社團、線上支持系統。你有沒有善用社群給予的支持呢？＿＿＿＿

嗜好：你身邊有沒有人支持你的嗜好呢？例如樂團成員、打網球的球友、校內運動社團、跑步社團、藝術工作室、遊戲社團。你身邊有沒有從志同道合的人呢？＿＿＿＿

後勤支援：所謂後勤支援，是協助你完成日常瑣事的人或服務單位，可能是你的室友、另一半、小孩、鄰居或保母，也可能是你委託的外包服務或人員，例如托兒所、幫忙遛狗的工讀生、清潔工、除草服務、外送服務、備餐服務等。你做這些日常雜務，懂不懂得向別人求助呢？＿＿＿＿

靈性：為你提供靈性支持的人，包括上帝或高我，牧師╱猶太教拉比╱靈性顧問、冥想老師、通靈者╱靈媒、瑜伽師、能量療癒者、薩滿、靈魂教練等。你有沒有獲得適當的靈性支持？＿＿＿＿

　　把你的答案填在支持網絡自我評估練習圖上（如果忘了怎麼寫，可參考第 42 頁「財務健全自我評估練習示範」的範例圖），先從最上方開始填（你在身體健康的面向，是不佳、尚可、良好或極優呢？），在那根輻條標示你的分數，然後繼續完成其他輻條。等到每一根輻條都評分完畢，把這些小點連起來。

支持網絡自我評估練習圖

現在，請在每根輻條的外圍，填上支持你的人或機構，每根輻條可填寫的人數或機構不限一個，參見以下的範例：

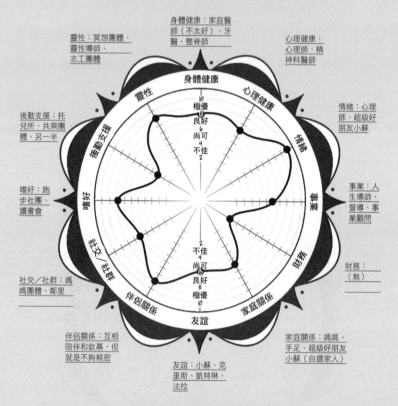

支持網絡自我評估練習的範例

以這個範例來說，有兩個比較大的凹陷，分別是財務和後勤支援，這兩個層面根本沒有幫手可言。

回答下列問題，寫在筆記本上：

- 你很多層面都有找到幫手嗎？太好了！但切忌過分依賴某個人。我有一位個案，幾乎在每個層面，都填上她老公的名字，可見她親密的支持網絡有多麼的狹隘。她做了這個自我評估練習，這才發現她身邊缺乏朋友和幫手，已經對另一半構成了壓力。

- 注意看你有哪些凹陷，這些層面是不是缺乏支持呢？我有一位個案，竟然只有事業上的幫手，可見她真的是工作狂！

- 想想看，你可以做哪些事情，為這些層面（大凹陷）爭取更多支持呢？

　　不妨三個月做一次練習，持續評估你的支持網絡。人與人之間是互相的，你第二次做練習時，不妨換個角度，關注你給予別人的支持，說不定你會突然驚覺，你並沒有維持施與受的平衡。

　　現在你知道自己有哪些支持網絡，該是妥善利用的時候了。說得容易，做得難啊！

善用你的支持網絡

　　幾個月前，我接到演講邀約，是一個我從未講過的題目。我

準備講稿時，一直犯拖延症。每次我坐在電腦前要動工了，就感到一股強烈的恐慌，不知所措，於是我決定向別人求助。我寫信給三位心理師朋友，請他們推薦一些參考資源，不到三十分鐘，三個人都分享完整的資訊，歡迎我直接取用，我節省了好幾個小時，大幅減輕壓力。而我做的事情，就只有開口求救。

當你背負一堆責任，在家要照顧另一半和小孩，去公司要照顧實習生和員工，恐怕要學會授權。我做每件事之前，一定會先問自己：「這件事只有我會做嗎？」「最適合做這件事的人是我嗎？」「我喜歡做這件事嗎？」只要有任何一個問題的答案是否定的，我就會派別人去做。派別人去做，你才有多餘的時間和精力，去完成你非做不可的事，或者你覺得有意義的事，這樣會提高你的生產力，為別人創造學習、參與和賺錢的機會。

你開口之前，先好好想一想，你支持網絡中的每個人，分別可以提供什麼服務，畢竟要找到適合的人選，才能獲得最適當的協助吧！（你不可能去麵包店點牛排）用心觀察你的支持網絡，才會知道自己有哪些選擇。當你想借別人的肩膀大哭一場，千萬不要找狂歡咖或購物咖，否則會得不到情緒安慰，這時候不妨想想看，你哪些親友特別有同理心和傾聽能力。

每當有下列需求，大聲開口求助吧：

- 希望有人聽你宣洩。
- 希望有人協助你規劃，完成日常雜事。

- 希望有人一起腦力激盪。

- 希望有人提供建議、諮詢、引導和諮商。

- 希望有人引介幫手給你。

- 希望有人建議你合適的資源或服務。

- 希望有人把你放在心上，給你正能量或者為你祈禱。

- 希望有人陪或者一起做好玩的事。

- 希望有感情交流，跟人保持親密。

- 希望有人幫你某些事。

- 希望有人在社群媒體推薦你的事業，支持你，或者參加你舉辦的活動。

- 希望有人指導你做某件事。

- 希望有人互相鞭策，例如定期確認彼此的健康、健身目標或財務目標。

　　你在第八章做了很多改變，現在來確認你進步多少，有沒有充分發揮你的所學。下面的支持度自我評估練習，整合第八章所介紹的技能，確認你有沒有獲得完整的支持。

自我評估表（20 分鐘）
支持度

日期：_____

依照下列評分標準，在每個問題的空格，填入你的自評分數：

不佳（1～3）、尚可（4～5）、良好（6～7）、極優（8～10）

不良			尚可		良好			極優	
1	**2**	**3**	**4**	**5**	**6**	**7**	**8**	**9**	**10**

播種： 所謂的播種，意謂透過社交活動、社區參與、事業人脈、社群媒體或線上推廣課程，還有電子郵件、新聞通訊或實體信件，拓展新的社交關係。說到經營新關係，你會給自己打幾分？_____

維繫關係： 你會不會經常讓對方知道，你有多麼在乎他？_____

終結有害關係： 所謂終結和「拔除」有害的關係，一來是針對你無法選擇的關係，設下健康的人我界線（比方跟姐妹或老闆的關係），二來是結束不健康的關係。說到拔除有害的關係，你會給自己打幾分？_____

向別人求助：當你有需要協助，而且情況許可，你會勇於求助嗎？_____

徵求建議：你會不會向知識淵博或經驗老道的人，定期徵求忠告、建議或勸告？_____

照顧身心：如果身心有需要，你會不會勇於求助，例如主動跟別人情感交流。_____

平衡施與受：你能不能維持平衡，不僅給予別人支持，也接受別人的支持？_____

指導：跟心目中的典範討教一番，並且適時給別人提點建議。你會不會向自己崇拜的人討教呢？或者去指導別人呢？_____

互惠關係：互惠是打破關係中的獨立和依賴，去享受互賴的好處，例如禮尚往來。你會不會建立互惠的關係？_____

通透的界線：設定情感和關係的界線時，不要太僵化，也不要太鬆散，可以拉近彼此的關係，讓感情升溫。你會給自己打幾分？_____

欣然接受別人的支持：當你感到恐懼、羞愧、內疚或驕傲，能否敞開心去接受別人的支持呢？_____

財務支持：這包括諮詢理財顧問或商業顧問，申請補助、貸

款、獎助金、貸款減免或金援計畫。你是否擅長開口求助，接受別人的金援呢？＿＿＿＿＿

　　把你的答案填在支持度自我評估練習圖上（如果忘了怎麼寫，可參考第 42 頁「財務健全自我評估練習示範」的範例圖）先從最上方開始填（你在播種的面向，是不佳、尚可、良好或極優呢？），在那根輻條標出你的分數，然後繼續完成其他輻條。等到每一根輻條都評分完畢，把這些小點連起來。

支持力自我評估練習圖

如果分數不高，也不要擔心。向別人求助，往往是最難做到的事。請大家繼續努力，不斷求進步。

回答下列問題，寫在筆記本上：

- 看一看你的支持自我評估練習圖上，有哪三個「凹陷」特別明顯呢？
- 針對每一個「凹陷」，想出三個改進的辦法。

記得標註日期，以便長期追蹤。不妨每個月或每一季做一次練習，為自己的人生爭取更多支持。一定會有更多人支持你。好極了！

當你學會爭取別人的支持，你會覺得更幸福，迎接更富足的人生。下一章會探討慈悲心，心懷慈悲可以加強支持系統，改善財務狀況。

ch 9
慈悲心

明白愛是人生的終極貨幣

> 「一根蠟燭就可以點燃上千根蠟燭，
> 而且蠟燭的壽命不會因此縮短。」
>
> 佛陀（Buddha），佛教的創始人

我還在安美城心的時候，有一位心理師來敲我辦公室的門。她先前在社區心理保健機構任職十幾年，當時轉到我們諮商所，工作不到半年。我們對彼此還不夠熟悉。她平常衣著得體，儀表堂堂，最近不知道怎麼了，竟儀容不整、一臉擔憂、精神不濟，一副淚眼汪汪的樣子。我們把門帶上，坐下來聊一聊，她結結巴巴，支支吾吾，終於跟我坦白她快崩潰了。她說自己正在結束一段痛苦的關係，因為感情創傷，罹患了嚴重的焦慮症和憂鬱症，她目前無法勝任這份工作，又不能讓自己失業。

　　我稱讚她勇敢直率，也感謝她對我坦白。我詢問她有什麼需求，她說想請兩星期的假，暫時不接新個案，一切等她好轉了再說。我們也討論到，她休假這段時間，該如何確保她手上的個案，繼續獲得適當的協助和資源。此外，她提到自己剛轉職，租屋遇到刁難。我趕緊打電話給房地產經紀人，說她有正常就業，她終於順利簽約。她走出我辦公室之前，想給我一個擁抱，好好感謝我，但對我來說，這些都是我該做的。她露出如釋重負的表情，承諾兩個星期後再見面。兩個星期後，她回到工作崗位，恢復她原本的樣子，再度有信心完成手邊的案子。

　　她最後在安美城心待七年，深受個案愛戴，評價一向很好，大家都誇她有慈悲心。她的個案量很多，在諮商所任職期間，經手數百位個案。她也受同事景仰，財運亨通，買了人生第一輛車和第一間房。她離職那一天，送我一張卡片，卡片上寫著：「妳對我人生和事業的支持，我永生難忘，希望將來有機會報答妳。」如今，她擁有自己的諮商所，生意蒸蒸日上，我們依然是好朋友。

　　當我們帶著愛和慈悲心去經營關係，人生就會更富足。

治療小站：療程九（20分鐘）

　　歡迎光臨！今天的療程，我們要花時間思考下列問題：

- 回想你的人生中，是否有人善待過你？比如他很體貼、善解人意、富有同理心。你當時有什麼感受？他對你釋出善意，有沒有改善你的境況？

- 你有沒有在私底下善待過誰？你有沒有在事業上善待過誰？這段經歷帶給你什麼感受？

- 盡量善待別人，會不會改善你跟同事的關係，甚至改善你的財務呢？列舉一個最佳例子吧！

- 你今天可以做什麼事情，善待走進你生命的人呢？

　　你種了善因，終究會有好的回報，迎向更富足的人生。

　　現在，我們來練習同理心，創造更富足的人生。

同理心是一根魔法棒，可以改造你的人生

「*同理心是文明的本質。[1]*」

羅傑・艾伯特（*Roger Ebert*），美國影評人兼作家

《EQ：決定一生幸福與成就的永恆力量》（Emotional Intelligence: Why It Can Matter More Than IQ）的作者丹尼爾・高曼（Daniel Goleman），把同理心分成三個等級：認知同理、情緒同理、慈悲同理[2]。所謂認知同理，是去理解別人的觀點，情緒同理是感同身受。慈悲同理的等級最高，不僅要理解別人的觀點，感同身受，還要在對方有需要，也願意求助的前提下，主動伸出援手，這是每個人都應該追求的等級。

同理心是換位思考，設想對方當下的感受，堪稱最重要的人際溝通能力。聽別人說話時，懷抱同理心，更容易建立關係，理解對方的觀點、定位和感受。發揮同理心不一定要有相同的際遇，只要身而為人，都有感受過喜悅、悲傷、失落、愛、恐懼、孤單、驕傲、羞愧、內疚、寬慰和興高采烈。傾聽他人時，連結人類共同的感受，可以增進彼此的關係，更理解對方。

我們不可能改變或控制別人的感受，但只要安靜的傾聽，肯定對方的情緒反應，就可以陪對方度過情緒風暴。有些事會勾起往事，情緒排山倒海而來，以致情緒反應過度。在外人看來，似

乎太超過了，但其實有先天和後天的因素使然，這時候再怎麼爭辯也沒用，還會傷了和氣。

同理的言語讓對方感受到被傾聽、被理解、被連結，自然會化解衝突。當你用心傾聽，對方該說的都說了，就會放下防備心或攻擊心。由此可見，刻意放下自我，換位思考，一來會提升自我覺察，二來會改善人際關係。

對事業也有幫助

發揮同理心不只對人際關係有幫助，也會提升工作表現。研究調查顯示，有慈悲心的人自我效能比較高，工作表現比較好[3]，更何況懷有慈悲心，心態更正向，也跟工作表現成正比[4]。

我有切身經驗，深感同理心對事業有利。有一天，芝加哥知名心理師透過電子郵件，寄一封警告信函給我，指控我的員工未經他許可，逕自剽竊他書中的內容，寫成官方部落格文章。我聽了很震驚，直接負起責任，跟對方道歉。我說，我可以明白他的心情，看到自己作品被剽竊，心裡肯定不好受。我後來收到回信，他態度出奇和善，感謝我願意體諒他。他看到我電子郵件的署名，發現我們在事業上有很多共通點，問我想不想見個面，往後的日子，我們兩家諮商所會互相轉介個案，一起參加研討會做簡報，至今過了十年，我們依然是好朋友和好同行。

同理心對事業有下列好處[5]：

- 提高銷售、忠誠度和案子

  優秀的業務員都明白一個道理，做生意的不二法門是充分了解客戶的需求，證明自己會滿足這些需求。發揮同理心，會加強你跟客戶的關係，改善你跟案源和供應商的關係。基本上，人家對你有好感，自然願意跟你做生意。

- 提高生產力和促進創新

  企業體貼員工，員工才會更賣力工作，努力創新，進而拉抬銷售額。當員工感受到公司的體貼，工作表現會越好[6]。

- 提高競爭優勢和改善財務

  根據二〇一六年同理心指數，最善解人意的企業，財務表現最好[7]。

- 加強員工參與度，鼓勵團隊合作

  同理心掛帥的企業文化，會提高員工的投入程度，讓員工更願意留下來，提振公司內部的士氣。

展現同理心的成功範例和失敗範例：

　　假設朋友正在跟你哭訴，老闆在大庭廣眾之下訓斥他，你可以怎麼回應呢？下面列出成功和失敗的範例。

無同理心的回應：

- 「不要為這種事情難過，這根本不值得你傷心。」（否認）

- 「我勸你很多次了，趕快找新工作吧。」（急著解決問題，不耐煩）
- 「你做了什麼事？該不會是你的錯吧？」（不支持，怪罪）
- 「沒什麼大不了，至少你沒有丟掉工作。」（大事化小）
- 「如果換成我，我才不在乎！我不會放在心上。」（拿對方跟自己比，沒意義）
- 「你想太多了啦。」（批判）

有同理心的回應：

- 「天哪，發生這種事，我為你感到難過。」（表達同情和關懷）
- 「你一定覺得很丟臉，不好受。如果我是你，也會很沮喪、生氣和洩氣。」（展現同理心，認可和尊重對方的感受）
- 「我媽在兄弟姐妹或朋友的面前批評我，我也是這種感受啊！真是羞辱人，氣死人啦。」（聯想到自己的經驗，平常心以對）

　　這樣你懂了嗎？

　　展現同理心，必須注意言語表達，練習積極聆聽（active listening）。臉部表情、手勢和肢體語言，也要一併注意。多培養讀心的能力，因為別人不一定會表達真實的感受，但還好身體

很誠實。因此，我們要細心觀察非言語的線索，向對方丟出問題，例如「你看起來不太開心耶，有什麼需要我幫忙嗎？」

　　當你練習積極聆聽，就會打開雙耳，心無旁鶩，完全跟對方同在，用心傾聽，確保你明白他想傳達的訊息，做出善解人意的回應，記住他說過的每一句話。這還有什麼好處嗎？積極聆聽也會提升業績表現喔[8]！留意非言語線索，做到積極聆聽，你的同理心絕對會變好。

發揮同理心，快速致勝（15 分鐘；一輩子的練習）

　　回答下列問題，把答案寫在筆記本上：

- 你有什麼機會可以在人際關係展現同理心呢？參考我上面的例子，你還有想到其他富有同理心的回應嗎？
- 如何善用言語以外的溝通，或者積極聆聽的技巧，向對方多展現一些同理心？
- 如果想打好關係，發揮同理心會有什麼幫助呢？關係變好了，對人生又有什麼幫助呢？

慈悲的關係隱含著蛻變的力量：蘇瑪的故事

有位客戶在我們初次諮詢時，用棕色頭巾包住美麗的臉龐，只露出一雙靈動的眼睛。她提及自己的宗教，問我熟不熟悉，我有自知之明，立刻跟她坦承，我對她的宗教所知甚少。我詢問她願不願意介紹自己的文化，讓我認識穆斯林美裔的生命經驗，若我往後基於白人特權，對她說了無知的話，一定要馬上指正我。我跟她解釋，我深信人與人的關係是治療的基礎，我務必要讓她感到安全，盡量表達我的理解和肯定。

「我知道妳很善良，我喜歡妳的療程。」蘇瑪說。接下來的療程，蘇瑪提到小時候全校只有她一個有色人種，在這個獨鍾金髮藍眼的世界裡，她總覺得自己格格不入，不漂亮。她父母親做很多犧牲，從東非移民到芝加哥北區，只為了讓蘇瑪過好日子。父母親面對逆境和創傷，一天要打好幾份工，養活美國和非洲的家人，所以脾氣不太好，讓蘇瑪承受了身體或情緒暴力。雖然父母親是好意，希望她更優秀一點，但是從小到大，她一直被灌輸，她就是不夠好，她就是有錯，她就是壞，於是她從未感受過內在價值和內在平靜，也從未在人際關係中感到安心和尊重。

她就跟大家一樣，目前的人生跟過去似曾相識。她跟一位知名成功的商業顧問結婚，老公經常數落她，說她不夠好、有缺點、不理性，甚至說她「瘋了」，雖然他不會暴力相向，但蘇

瑪會為了他自殘。每次夫妻倆吵得不可開交,她就會挑隱密的部位,割傷自己的手臂或腿,抒發內心的自我厭惡、無法自拔和憤怒。起初,在探索她的個人經驗和感受時,我問她對於這些回憶有什麼感受,她經常回答「不知道」、「無所謂,都已經發生了,沒關係,沒事了」。我可以感覺到她很洩氣,她蜷縮著身體,面無表情,一臉嚴肅,完全跟她自己和情緒脫節。我跟她解釋,遭受身體或情緒暴力,怎麼可能會「沒關係」或「沒事」。我試著設身處地,想像她會有什麼感受:「天哪!妳應該很生氣吧!」、「妳應該很傷心吧!」她哭了起來,澈底瓦解她的保護面具,還有打開她的心。我們富有同理心的關係,讓她有機會內化慈悲心,學會善待自己,肯定自我的感受,每個人都會因應先天或後天環境,產生各自的情緒感受。

當蘇瑪學會善待自己,開始化悲憤為力量。以前她把負面感受往內吞,但從今往後,她把憤怒化為正向力量,勇敢訴說她相信的真理,跟別人建立健康的人我界線。她找老公一起做婚姻諮商,只可惜她老公覺得錯不在己,不願做任何改變,這段過程令她心灰意冷。然而,她為自己挺身而出,在婚姻上她開始了解夫妻之間的互動,還有她老公的自戀情結、「情感操縱手法」和情緒虐待傾向。在生活層面,她追求個人成長,申請上法學院,在事業上闖出一片天。她把照顧自己擺在第一位,花時間培養個人興趣,例如繪畫和閱讀。她拿掉人格面具,勇於跟別人建立關

係，不害怕示弱和做自己。

　　無論是我們的治療關係或是蘇瑪的治療過程，都讓我更加認識伊斯蘭。我看見伊斯蘭和其他宗教的共通點。在我看來，各個宗教從不同的濾鏡，詮釋放諸四海皆準的真理。我也從伊斯蘭的教義中，發現一些睿智的觀點，令人信服不已，例如債務對靈性是有害的，學會敬愛自己的母親，「邪惡之眼」（嫉妒或羨慕他人）會招致惡果。我景仰並尊重她的文化和宗教信念，無所不用其極支持她，這是我對待個案的一貫作風。

　　就在她接受治療快兩年，有一次療程，她暫時拿下頭巾。雖然她表面上說安全別針會害她分心，但我覺得拿掉頭巾的動作，其實有更深層的意涵，這象徵我們之間的關係有一定的信任度和親密度，她才會願意讓我看。她長得好美，我驚為天人，我也很感激她願意露出真面目，雙眼不禁泛淚。蘇瑪假裝沒看見，繼續分享那星期發生的事情，但我有注意到她面露微笑。至於這段治療的經歷和關係，她還沒準備好跟我當面討論，但至少她開始蛻變了。

　　大約再過一年，她做出勇敢的決定，結束婚姻，因為再多的治療，也無法改變她老公的情緒暴力。對她的家族和社群來說，這是一項難以容忍的決定，可是蘇瑪覺悟了，唯有打破障礙，她才會真正自由，否則只會一直被貶抑、被噤聲。蘇瑪跟父母親坦承，她因為那段婚姻，再度歷經兒時的暴力。她決定賦予

自己力量，給父母親兩個選擇：第一個選擇是去接受諮商，處理好他們自己的創傷議題，從此斬斷暴力的循環，支持她離婚。第二個選擇是跟她斷絕親子情誼。父母親決定接受心理治療，全心支持女兒，他們在過去曾經對蘇瑪施暴，但骨子裡是善良的，非常愛這個女兒，無論面臨什麼困境，都會拼命去克服。蘇瑪的下半生變了一個人。她出國冒險，跟女性朋友結伴去紐約。她念了法學院，希望有朝一日可以在家事法層面為別人伸張正義。

蘇瑪在治療的過程中，不自覺內化了自我體貼、慈悲和肯定的口吻，往後她進行自我對話，就可以派上用場了，我也可以功成身退。經過深思熟慮後，我們的治療關係圓滿結束，最後一次療程，兩人又哭又笑。往後幾年，我和蘇瑪仍保持聯絡，她現在是成功的律師，擁有自己的法律事務所，旗下有二十多位員工。她也再婚了，結識一位深愛她的男士。如今她有健全的自尊，過著活躍豐富的人生。她是我見過最優秀的人之一，為人善良，懂得自我反省，廉潔正直，充滿力量。

我很尊重這段治療關係，一直把蘇瑪放在心上。我們會進入對方的人生，是為了幫助彼此學習和成長，我永遠感激我有這個福分。我以前也是習慣把痛苦掩飾起來，往自己的肚裡吞，所以我跟蘇瑪有一點相似。最重要的是她願意對我展現自我和弱點，激發了我的同理心。

蘇瑪的故事精彩絕倫，一段慈悲的關係，讓她蛻變成英

雄。她宛如浴火鳳凰，勇於改變，卸下過去的自我，重生後，造就更偉大的自我。

慈愛成長練習（10分鐘，一輩子的練習）

　　回答下列問題，把答案寫在筆記本上：

- 你是否曾經跟不同背景的人建立關係或友誼？你從那段經驗學習到什麼呢？

- 你有沒有體驗過慈愛的關係？這帶給你什麼感受？你的人生有沒有變得更好呢？

- 你從這些經驗學到的功課，可以改善你目前的關係嗎？這會如何拓展你的人生，幫助你成功呢？

心懷慈愛，拉近彼此的關係

「*愛很偉大。愛可以克制憤怒，也可以克制怨恨。[9]*」

愛麗絲・華克（*Alice Walker*），美國小說家，社運人士

發揮同理心，有時會激發慈愛之心。慈愛是讓人感到溫暖、善意、關懷、貼心和體貼。有人誤以為慈愛是弱點，但其實慈愛是人際溝通技巧，象徵著投入、勇氣和力量[10]。

靈性導師舍地・賽・巴巴（**Shirdi Sai Baba**）建議每個人，說話前，先捫心自問「這句話有釋放善意嗎？這句話有必要說嗎？這句話符合真相嗎？」如果有任何一個答案是否定的，那就別說了。這三個問題很管用，對於個人和事業的人際關係大有幫助，只可惜我們偶爾會忽略。

我早期接受臨床訓練時，有一位個案散發強烈的體味，腋下總有一大片汗漬，每一次療程他都在抱怨感情運不佳。督導建議我用婉轉的方式，跟他說清楚真相（不會吧？！）。我煞費苦心，刻意找話題，提到他服用抗憂鬱藥，汗會流個不停。他說他有注意到，於是我們聊起止汗劑、內衣和去汗劑，氣氛有點尷尬，但他心懷感恩。兩個月後，我們結束療程，他也展開了新戀情。說真相的時候，必須花一點心思，用體貼的方式表達。

慈愛也是有耐心，就算別人造成了延遲和不便，仍要溫柔以待，表示諒解。慈愛也是一種鼓勵，讓別人有信心、自信和希望。如果想建立慈愛的關係，一定要心胸開放，提出開放式問題，不含任何條件、壓力、期待或操弄，單純互相愛護，讓彼此的關係感到滿滿的愛。多讚美，盡量展現愛與情感，互相幫助，分享資源和時間，親切體貼，互相尊重，展現同理心。當你毫無保留，自由開放的表達愛，外界回報給你的愛，將會是原本的三倍！

發揮慈愛的力量（15分鐘，一輩子的練習）

回答下列問題，寫在筆記本上：

- 你有哪一段關係想要加強呢？可能是你跟家人、另一半或好朋友。為什麼這個人對你如此重要呢？
- 想想看對方身上，有沒有你特別欣賞的特質？列舉十個。
- 從十個特質裡圈出三個，找機會告訴對方，後續觀察一下，你們的關係有沒有升溫，或者變得更融洽。

財務健全大補貼：把愛傳出去

> 「人生中最歷久不衰，也最為迫切的問題是：
>
> 『你為他人做了什麼？』[11]」

馬丁・路德（*Martin Luther King Jr*），
美國基督教神職人員，民權鬥士

　　在前面幾章，你練習照顧自己和接受支持，為自己重新充飽電。現在你的電力滿格，只要你準備好了，隨時可以去付出和分享，透過利他行為、服務、有自覺的資本主義（conscious capitalism）和慈善，把愛傳出去，你會改善心理健康，甚至獲得意外的財富。

　　所謂的利他，就是關心他人的福祉，做出犧牲自己的行動，可能是付出時間、金錢、資訊等資源。研究顯示，做利他的行為，對心理健康有幫助，可以抵銷人生壓力的負面效應[12]。

　　我有一位個案叫嘉恩，便是最好的例子，她為了解決自己諸多問題，開始接受心理諮商，例如她剛剛分手，不得不搬家，再來是失業，還有財務壓力。她沒有什麼積蓄，但也沒有心思找工作，於是給自己放一年假，做她一直渴望做的事──到海地當志工。她做完三個星期的志工，再度回來諮商時，她跟我說：「我沒問題了。」她援助的海地人，問題更嚴重，資源更少，她看事

情的格局因此變大，譬如她注意到自己的特權地位。做利他的行為，改變她的視角，從負面（只看見自己的匱乏和問題）轉向正面（專注於自己的福分），這個舉動會改善心理健康，緩解憂鬱和焦慮。她開始採取必要的行動，找一份業務員的工作，不僅底薪更高，還有優渥的佣金。

嘉恩的個人經驗，跟科學研究不謀而合。當志工確實會帶來生命的意義，讓心情變好。研究顯示，參與志工活動，跟幸福感、人生滿意度、工作滿意度、事業滿意度都是成正比 [13]。**真正的利他行為，單純是發自內心，全然無私，終究會有金錢的回報，當你全心做一件事，就會改善財務。**

說到我的行銷顧問茉莉，她的客戶都是慈善人士，她憑藉自己的專業，協助慈善人士發揮最大潛能。她旗下有設計人才、文案人才和搜尋引擎最佳化顧問，她為員工和客戶建立社群，經常舉辦互動式研討會和學習活動。茉莉也因為祖母罹患阿茲海默症，主動倡導相關議題，她所做的一切，令我欽佩不已，所以我一直購買她的服務，對我來說，每一筆消費都要符合自己的價值觀。

做生意冷酷無情，終會自食惡果。若希望事業和人生兩得意，一定要善待同事、老闆、客戶、競爭對手、員工和個案。找工作的時候，要選擇有慈悲心的企業，創業的時候，也要創立有慈悲心的公司，造福所有相關人士，與其把別人當成棋子，還不

如建立慈悲的關係，提振公司士氣，留住客戶和員工，提高公司的生產力。待人和善真誠，不一定會吃虧。

現在有許多成功的企業，例如 Salesforce、Warby Parker、Ivory Ella、Trader Joe's、The Container Store 和 Patagonia，都在實行有自覺的資本主義（conscious capitalism），依照這種經營哲學，企業應該服務所有的主要利益關係人，包括環境在內。有自覺的資本主義，隱含下列四個原則，這些原則會互相強化[14]：

1. **更崇高的目的**：不只是獲利而已。

2. **兼顧各種利益關係人**：利益關係人的範圍很廣，不只是股東，還有顧客、員工、供應商、投資人等。

3. **有自覺的領導**：想到的是「我們」，而不是「我」。

4. **有自覺的文化**：讓所有利益關係人互相信任和合作。

有自覺的資本主義本身，就是成功的企業宣傳，可望吸引到志同道合的顧客，例如戶外運動品牌 Patagonia 捐款 1,000 萬美元協助解決氣候變遷問題[15]。至於我們一般人，也可以當一個有意識的消費者，支持有遠大目標的企業，這行為本身也是慈悲。慷慨也是利他和慈悲的行為。當你珍愛自己所付出的東西，就會更捨得跟大家分享。研究顯示，愈慷慨的人愈成功，而成功是富足的關鍵[16]。一家慷慨的企業，會累積正面評價，進而帶動收入。我有一位個案叫戴爾，做房地產仲介，對客戶相當慷

慨。他會幫忙做舊屋新裝，拍攝專業刊登照，帶看屋子期間，還會幫屋主找遛狗人。他很有耐心，帶買家四處看房，從來不嫌煩，只為了找到客戶滿意的房子，這一切都是他成功的祕訣。

最後，所謂的慈善，是聽到別人有危機或急需，因感同深受，而做出的響應行動，通常以捐獻為主。慈善是善待那些遭受天災、暴力和貧窮的人。慈善會催生社群意識，加強合作，提升心理健康和幸福。至於更大規模的慈善事業，可能是捐出一大筆錢，支持良善的目標，改善別人的福祉。做慈善還有一個好處，就是可以減稅。

我曾經在安美城心發起慈善活動，讓員工自己選擇慈善組織，公司會捐獻 100 美元，大家各自寫了簡短的介紹，向同事和個案解釋清楚，為什麼要援助某個慈善事業。我舉辦這個活動，公司內部的社群意識確實提升了。

把愛傳出去（15 分鐘，一輩子的練習）

回答下列問題，寫在筆記本上：

- 你有在做哪些利他行為、服務和慈善呢？有沒有改善你的心理健康？
- 你為什麼無法慷慨助人呢？你可以採取什麼行動，讓自己變得更慷慨呢？
- 為什麼唯有把愛傳出去，才會感到真正的富足呢？

你有多慈悲呢？慈悲自我評估練習會告訴你答案，這整合你在第九章學到的技能，測試你在家和在職場的慈悲心。

自我評估表（20 分鐘）
慈悲

日期：＿＿＿＿＿＿＿＿＿＿

依照下列評分標準，在每個問題的空格，填入你的自評分數：

不佳（1～3）、尚可（4～5）、良好（6～7）、極優（8～10）

不良			尚可		良好				極優
1	**2**	**3**	**4**	**5**	**6**	**7**	**8**	**9**	**10**

積極聆聽：跟你聊天的對象同在，貫注你所有的意識，專心聽對方說話，確保你理解對方所傳達的訊息，深思熟慮後再回應，並且記得對方說過的話。你會給自己打幾分？＿＿＿＿

同理心：理解別人的觀點和感受，感同身受，如果對方有需要幫忙，你也願意伸出援手。你會給自己打幾分？＿＿＿＿

善意：你能不能向別人表達善意和溫暖，體貼周到，善體人意？＿＿＿＿

鼓勵：鼓勵是給予信任、信心和希望，提振對方的心情。你有多會鼓勵別人呢？＿＿＿＿

耐心：即使別人拖延你的時間，造成你的不便，你仍願意溫柔相待，表達諒解。你對別人多有耐心呢？_____

慷慨：比起最低的標準或期待，你更願意多付出一點時間、資訊、助力、服務、金錢等資源。你為人有多慷慨呢？_____

利他：你會不會放下私心，關懷別人的幸福，並且虔心祈禱？

_____

心胸開放：你會不會接納各種不同的觀點、想法、行為和理念，不隨便升起評斷心？_____

接納別人：跨文化的覺察、接納和肯定，這包括接納不同種族、文化、族群、宗教、社經地位、政治取向、性取向、性別認同、生活模式的人。你會給自己打幾分？_____

道德：無論是在生活或工作上，都秉持著合理的道德原則。待人慈悲，不任意報復和爭吵。你會給自己打幾分？_____

服務：透過主動幫忙、志工活動、展現領導長才，來服務個人、群體、社區或慈善事業。你會給自己打幾分？_____

慈善：這就是財務健全自我評估練習圖中的慈善輻條。關於捐獻金錢、食物或其他資源，你會給自己打幾分？_____

　　把你的答案填在慈悲自我評估練習圖上（如果忘了怎麼寫，可參考第 42 頁「財務健全自我評估練習示範」的範例圖），先從最上方開始填（你在積極聆聽的面向，是不佳、尚可、良好或極優呢？），在那根輻條標出你的分數，然後繼續完成其他輻條。等到每一根輻條都評分完畢，把這些小點連起來。如果你做不到誠實回答，不妨請你信任的好朋友幫忙，或想像一位跟你交情深厚的老友，設想對方會如何看待你。

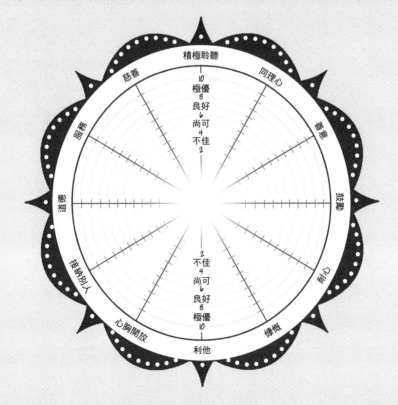

慈悲自我評估練習圖

不要太在意分數，我們都還在努力中，所以有進步的空間。你只要對自己誠實就夠了。回答下列問題，寫在筆記本上：

- 看一看你的慈悲自我評估練習圖上，有哪三個「凹陷」特別明顯嗎？
- 你平常是否重視這些層面呢？如果你不重視，會不會妨礙你實現富足人生？
- 想出三個辦法，改善這三個層面。

每個月或每一季做一次練習，培養你的慈悲心。別忘了標註日期，以便長期追蹤！沒有人是完美的。培養慈悲心，需要時間和專注力，但慈悲心是我們迎向富足人生的關鍵。

我們的個人價值，不是取決於財富、職稱或成就。反之，我們愛自己和愛別人的能力，決定了我們的自我價值感。當我們心中充滿慈愛，財富就會隨之而來。現在你的心慈愛滿溢，準備更上一層樓，實現你想不到的偉大目標。下一章，我們要學習超脫的愛。

ch 10
超脫

放下恐懼、負面思考和金錢焦慮

「向外求取安全感，就算花上一輩子，也求之不得。

安全感是幻象，唯有放下對已知的依戀，

才會迎向無限的可能，獲得真正的幸福、豐盛和圓滿。」

狄帕克・喬布拉（*Deepak Chopra*），著作多達 40 幾本，
包括《人生成敗的靈性 7 法：讓一生圓融無遺憾的關鍵法則》

當我簽下 5 萬美元的貸款，拿房子做抵押，我陷入嚴重的金
錢焦慮，每天晚上難以成眠，無時無刻不擔心錢。我跟朋友謝
里林聊到這個煩惱，她直接回我：「我老公背負 2 億美元的貸
款，妳聽了有沒有比較舒坦？」我的天啊！這消息真管用。我一
聽就笑了，馬上忘記恐懼和擔憂。我拉大看事情的格局，謝里林
的老公做商業房地產開發，業務蒸蒸日上，我頓時覺悟了，一個

做大事業的人，必須承受天大的風險，早已把貸款視為家常便飯。**迎向成功之路，總要冒一點險，承受不確定性，所以我要學會覺察情緒，但不做評斷。**

我的心理治療師雅琳，曾經在治療中說過：「感受就宛如海浪，你要乘浪而行，但小心不要被海浪吞噬。」雅琳提到「超脫」（detachment）的概念，我聽完她的解釋，不再把自己和情緒混為一談，也不再受制於情緒，而是成為情緒的旁觀者。我單純覺察自己的恐懼，然後帶著善意、正向心態和遠見，陪自己通過情緒的波浪，而不是被恐懼淹沒，老是在評斷自己的情緒，自覺丟臉。

依照字典的解釋，超脫是疏遠、保持距離或不在意。有人誤以為，超脫是漠不關心、否認或解離，但雅琳所謂的超脫絕非如此。她認同的是哲學意涵，也就是正念的技巧，不把幸福建立在期待、結果、別人、財物或金錢之上。

不在意結果，並非不設定目標。不在意金錢和財物，也並非拋棄財產。**超脫的意思，其實是不受物質或計畫所制約，以免傷害自我價值感或幸福感。**如此一來，再多的阻礙、拒絕或負面意見，都傷害不了你，你很快就會爬起來，再度蓬勃發展。**超脫是放下恐懼，迎向自由，也是本書中最強大的工具，我自己就是靠著超脫來改變人生。**

我就是因為超脫了，即使面對暴風雨，也保持中庸平衡，

帶領公司邁向我意想不到的境界。我也會妥善處理創業的麻煩事，例如員工辭職、員工衝突、關於債務的金錢焦慮。

當我超脫了，我在拉關係和做行銷，不會太在意結果。每次我舉辦聯誼或推廣活動，**不會去想我期待的結果，我只會盡量播種，完全不擔心種子是否會發芽長大，這樣我寶貴的時間就不會浪費在等待結果上，就算我被別人拒絕，也不會往自己心裡去，這就是我堅決向前的祕訣。**我打拼事業的時候，一直秉持這個策略，連我自己都很意外，幾年前相識的人，竟在多年以後，突然轉介個案給我或者向我提出演講的邀請。時機點不是我們掌控得了的，所以要學會放下，不去想機會何時發芽。

安美城心剛起步的時候，我就是靠著超脫，放下對於不可控的恐懼，同時放下執念。等到我要出售安美城心，我更需要超脫了，有一次我跟四位白髮蒼蒼的潛在買家開會，其中一位買家問我：「妳收入來源主要是保險給付，但我們國家的健保不太穩定，妳難道不擔心嗎？」我的語氣堅定平靜，只簡單回了：「一點也不會。」那群人笑了笑，面面相覷，我不知道他們是怎麼看我的，是覺得我笨極了？還是覺得我了不起？也可能兩者皆是。我為公司做的每一個決策，都是基於我當下收集的資訊，我不想把精力浪費在恐懼未知，反正我就是相信一切都會好好的，最後，這些人開價了數百萬美元。

治療小站：療程十（20分鐘）

我很期待從旁協助你，一起學習超脫的藝術，這對於工作和生活來說，都是相當實用的工具。當你太在意前程、結果、別人、金錢或物質，你就做不到超脫。回答下列問題，寫在筆記本上：

- 你有哪些執念呢？例如前程、結果、別人、金錢或物質。
- 這會不會影響你的情緒和財務？
- 如果你對於前程或結果有執念，你知道你為什麼放不下嗎？
- 當你超脫了，你會不會更幸福？你的事業或財務會不會改善？

有朝一日，你會很訝異，學會健康的超脫，竟然會改變人生。

面對不確定，學習放下恐懼和焦慮，迎接富足人生

> 「面對不確定的生活，要有超脫的智慧。⋯⋯
>
> 捨下過去和已知，否則過去就會像牢獄般制約我們。
>
> 當我們願意迎向未知，一個充滿可能性的領域，
>
> 便會任憑創意之心，跟宇宙之舞共譜美妙樂章[1]。」
>
> 狄帕克・喬布拉（Deepak Chopra），著作多達 40 幾本，
> 包括《人生成敗的靈性 7 法：讓一生圓融無遺憾的關鍵法則》

　　有一顆超脫的心，就不會沉溺於過去，受限於框架，心自然會回歸平靜，不會拿現在跟過去或未來比較。未知充滿無限的可能，一個對未知好奇的人，會培養自發性和創造力，有更多新的發現，實現個人成長和財富增長。說到擁抱不確定性，超脫也很管用，讓我們度過職場的風暴，比方失業、創業失敗、退休或面臨企業併購，只要超脫了，便會心平氣和，欣然接受改變的浪潮。當我們認清變動必然會發生，就可以超脫現狀，看見改變的好處。

　　職場難免會有變動，經濟也是瞬息萬變，金融危機頻傳。如果老是在煩惱錢不夠花，擔心經濟衰退，可能會勾起對未知的恐懼、金錢的創傷、財務焦慮。我當心理師這些年，看過不少人遭逢世界動盪（例如二〇〇八年經濟大蕭條，最近的新冠肺炎疫

情），而有嚴重的金錢焦慮。

金錢損失所導致的創傷，可能有很多原因，例如繳不出貸款，以致抵押物被徵收，或者股票市場崩盤，法律訴訟或離婚，突如其來的稅單，創業損失，失業。**財務性創傷後壓力症候群**（financial PTSD），並非正式的精神科診斷名稱，但經常描述跟金錢有關的創傷後壓力症候群。**如果面臨突如其來的金錢損失，或者因為缺錢而承受長期壓力，可能會造成情緒、認知、生理的問題。以生理來說，會有緊張、恐慌、失眠等症狀，或者對於銀行通知或催債電話有極端的驚嚇反射。至於情緒層面，由於無精打采、焦慮憂鬱、無助絕望，當然沒心思去體會別人的情緒。**此外，如果老是擔心錢，恐怕難以專心。這些症狀會干擾家庭和（或）職場生活，招致不幸[2]。

研究調查顯示，23％成年人和 36％千禧世代所承受的財務壓力，已經達到創傷後壓力症候群的等級，令人相當憂心，如果老是在擔心錢，身體會一直處於戒備狀態，在長期壓力之下，身體會分泌壓力荷爾蒙，害我們沒機會修復，身心瀕臨崩潰，因而罹患精神病、糖尿病、心臟病等健康問題[3]。

為了從財務性創傷後壓力症候群復原，必須學會超脫，把自我價值跟金錢區分開來。二〇〇八年房市崩盤，我幫一位大老闆做緊急評估，他失去一切，還沒跟老婆和孩子坦白。經過治療後，他把自我價值跟金錢分開來看，反而讓家人的感情變好

了，並且重建他的財務生活。

　　吉姆是位商人，手頭有數百萬美元，卻深怕自己重蹈覆轍，再度失去一切，結果他吝嗇到什麼地步呢？他為了省下停車費，寧願走好幾哩路去上班。他每隔幾小時就確認他的股票。他對人冷漠，暴躁易怒，愛發脾氣。女友看他這樣，心裡又氣又急，找他一起來做伴侶治療，最後只剩下我跟吉姆個別治療，我幫他找回信任和平靜，不過度儲蓄，也不過度花錢。

　　克萊兒在新冠肺炎疫情期間，有嚴重的金錢焦慮。她老公失業了，她自己的身體有殘疾，不僅長期罹患創傷後壓力症候群，也有嚴重的神經疾病，所以夫妻倆都是月光族，如同大多數美國人，等到退休那一天，銀行帳戶不會有半點儲蓄。克萊兒喜歡自己嚇自己，深怕會流落街頭。她因為買不起飼料，甚至有意把自己養的狗安樂死。她做了幾次緊急心理療程，終於學會超脫，我把她轉介給社福機構，最後克萊兒的情緒回歸平靜，取消安樂死的計畫。她對我說：「我頓時想起，以前我也辛苦過，但是我挺過來了，我的內在蘊藏著豐富的資源，我有情商，這會幫助我愛自己，善待我老公。」她這番話對每個人來說都是很棒的提醒。

　　超脫會把人生的格局放大，從大方向綜觀全局，把眼光拉得更長遠，從全局看待壓力事件。聰明的股票投資人就是這樣，否則太在意每日的股價波動，心情就會像坐雲霄飛車七上八下。當

我們學會超脫，就算損失金錢或股票大跌，也不會偏離正軌。超脫情緒，還有一個好處，就是回歸平靜，即使身陷困境，仍保持心情平和與性情穩定。

財務健全大補帖：放下，才能改善財務

很多人都受制於恐懼和懷疑。問一問你自己「如果我不害怕，我會怎麼做？」我這些年做個人教練或心理師，總會鼓勵大家找專業會計師、財務顧問或法律顧問，把事業和財務掌握在自己手上。既然未來無法預測，那就買足夠的醫療險、車險、房險、壽險。掌控自己掌控得了的，其餘就順其自然，發揮超脫的精神，拿出大無畏的勇氣，堅持到最後一刻。這裡所謂的超脫，也包括超脫對金錢的執念。

一個人對金錢有執念，就會怕東怕西，不敢做一些新嘗試，來改善自己的財務。至於財務面的超脫，就是風險容忍度了，假設你做的財務決定有損失的可能，你願意忍受多少不確定性呢[4]？負面情緒越少的人，越能夠做出明智的財務決策[5]。因此，無論是老闆、創業家或投資人，都應該學會超脫情緒，否則一有損失就心生焦慮和恐懼，頓時忘了心中的願景，直接舉白旗認輸，也就無法堅持到最後了。

　　為了籌備這本書，我投資數萬美元，每當有負面消息傳來或內心恐懼升起，我就選擇超脫。**大家要懂得聰明投資（多方考慮，例如債務收入比），但也要信任宇宙，相信我們付出的一切，將會以某種形式回報給我們，可能是關乎身體、心靈或金錢。**

　　做下列的正念練習，有助於超脫情緒。

把擔憂關在「容器」裡（15 分鐘，一輩子的練習）

　　眼動減敏與歷程更新療法（Eye Movement Desensitization and Reprocessing，EMDR）之類的創傷治療，為了避免心理崩潰，維持情緒穩定，會暫時把煩心的想法或感受關在「容器」裡。這不是在否認，而是在做區隔，對健康反而有益。你想試試看嗎？請照著下列五個步驟去做：

　　1. 連結自己的呼吸，掃描全身，覺察你有哪些部位特別緊繃，潛藏著恐懼或負面感受。

　　2. 想像你有一個堅固的大容器，可以關住這些負面情緒。

3. 想像你把負面情緒都放進容器裡。等你放好，把容器蓋好，鎖緊。

4. 想像你把容器放到安全的地方，例如觀想它沉入海底，飄到外太空或者呈交給至高的力量。

5. 記住，等你做好心理準備，你隨時可以打開容器，如在你下一次療程或者你跟好朋友相聚，可以暢所欲言的場合。

不期不待（5 分鐘，一輩子的練習）

每次你開會、約會、參加家族聚會或投資股票之前，先確認你自己的期待值。為了懷抱豐盛思維，迎接美好的可能性，千萬不要把幸福建立在期待或結果之上。因此，你要刻意把期待值降為零，練習去感恩所有的美好。

換句話說，你去參加活動或聚會之前，先在內心掃描一遍，覺察你任何可能的期待，**透過正念的方式，放下這些期待，養成開放的態度，對一切欣然接受，這會有出乎意料的效果**喔。我很多個案做了這個練習，人際關係改善許多。大家試試看吧！

現在你學會超脫自己的負面情緒，接下來要練習超脫別人的負面情緒。

善用慈愛的力量，擺脫他人的內心小劇場

有次我在超市排隊等結帳，前面的顧客態度惡劣，因為一些掌控不了的事情，就對收銀員大吼小叫。她極為失禮，甚至說話譏諷收銀員，但收銀員依然親切的看著她，對她點點頭，表達同理心，繼續完成結帳。結帳完成後，收銀員還祝福她一切順心，然後她就帶著負能量離開了。接下來輪到我結帳，我對收銀員說：「看到她這麼無禮，我為你感到難過，你怎麼能繼續保持專業和平靜？」他隨口一說：「她又沒有付租金，我是不會讓她占據我的頭腦的！」很聰明吧？這不是尋常人的回應。一般人很難做到超脫，導致美國無數的企業蒙受鉅額損失，但還好有解決辦法。只要在職場降低負能量，就可以提高創造力和士氣，加強團隊合作，同時減輕壓力和人員流動率[6]。當我們學會從人際衝突抽離，心就不會掛念，反而更有生產力，也不會陷入戰鬥行為，或者一直想著人際衝突[7]。

我的個案克莉絲汀是單親媽媽，她的主管有控制狂，有一天罵她生產力低落，記警告以示懲罰，因為這樣，她本來每週一次的諮商改成每週兩次。克莉絲汀做療程的時候，花很多心思處理她對主管的憤怒和灰心，以免這些情緒影響她工作。我們一起練

習超脫，不去在意主管的回話，把主管的行為歸咎於他自己工作壓力太大。我帶著她做觀想，想像她被泡泡球包圍，無論面對任何批評，都會被泡泡球彈開，她待在裡面很安全，不會受傷。她對主管的行為有情緒，我們試著隔絕這些情緒，讓她專心辦公，保住這一份她和孩子賴以維生的工作。等到她工作績效改善了，不再被主管察看，她開始拼命找新工作。如今她換新工作，新主管很挺她，薪水也比較高。

不要把別人說的話放在心上，這是每個人都可以培養的能力。我孩子就讀的小學，輔導老師教他們「當自己是鴨子」，抖一抖羽毛，把別人說的話甩掉。當你學會了，那些欺負你、等著看你出糗的人，再也無法左右你的感受。這個技巧不是要大家忍受虐待或傷害，而是要減輕傷害。這就好比拔河比賽，放下一端的繩子，就不可能發生衝突，如此一來，才會有清晰的頭腦，為未來做決定。超脫會避免我們聞雞起舞，在面對人際衝突時，做出更明智的判斷。

一個懂得超脫的人，不容易被激怒，做任何回應都會保持穩定與善良。別人的想法、行為、選擇和行動，還有人際互動的結果，都不是自己控制得了的。唯一能控制的唯有自己而已。別人絕對不是因為「你」才做壞事，《意念的力量》（The Power of Intention）作者偉恩・戴爾曾經說過：「別人怎麼對待你，那是他們的業力，至於你如何回應，就是你的業力了[8]。」

　　超脫對育兒也有幫助。二女兒出生時，我姐寶拉來訪。寶拉大我十四歲，有三個可愛的女兒，是一個好媽媽。我準備哄大女兒睡覺，一整個繃緊神經。我希望她乖乖入睡，結果她不但不想睡覺還崩潰到了極點，在地上打滾大哭，使勁揮舞胳膊。我覺得好丟臉喔，開始跟我大女兒進行權力鬥爭，威脅她再不乖就要接受懲罰，叫她去閉門思過。結果呢？最後誰贏了？當然是我女兒贏。我花了四十五分鐘，讀好多本床邊故事，躡手躡腳下樓梯，覺得臉丟光了。寶拉對我說：「親愛的，妳跟她吵翻天，可是她在發脾氣呀，妳反而要退一步，把自己抽離開來。」

　　寶拉說得對，我想一想認知行為治療，頓時發現自己反應過度。我當時只覺得，我女兒在發脾氣，代表我是不稱職的母親，這就是自我實現的預言，果不其然，我變得沮喪、沒耐心、反應過度，一整個就是我討厭的母親形象。

　　過了幾個星期，我去大女兒的幼兒園，我朋友蘿拉正好要出來，一手抱著她的孩子琳西。琳西不想回家，情緒超激動，死命的尖叫，揮舞手腳。蘿拉竟還能笑著對我說：「喬伊絲，妳好啊！」她非常平靜，泰然自若，平常心看待孩子的行為，不像我往自己的心裡去。我也要向蘿拉學習，不要太在意小孩子發脾氣的事，唯有如此，我才能當一個好媽媽。

　　從今以後，如果我在家裡或公司，遇到會勾起我情緒的事件，我都會盡量把注意力拉回呼吸上，從這些事件抽離出來。

我嘗試站在中立的立場,觀察身邊發生的一切,相信我會好好的,事情會圓滿收場。我培養超脫的能力,情緒變得更穩定了,也設定健康的界線,不再讓內疚等情緒操控我。如今,我兩個女兒都是少女了,想必我會有更多修練超脫的機會啊!

擺脫負面情緒(5 分鐘,一輩子的練習)

這是觀想的練習,閉上雙眼,花幾分鐘連結自己的呼吸,掃描全身上下,覺察有什麼部位特別緊繃或不適,透過呼氣把這些緊繃和不適排出去。想像有一股純粹的白色光芒包圍著你,或者你被堅固的泡泡球包裹住,又或者你前方有一片堅固的無形盾牌,可以為你擋住別人的負面情緒。每當你跟別人相處,永遠要記得你有盾牌,再怎麼傷人的話語或負能量,都會被盾牌彈得遠遠的,你永遠會如此安全舒適,這樣你做出的任何回應,都會從超脫的立場出發。

超脫的愛

「你的愛，必須讓你愛的人感到自由[9]。」

一行禪師（Thich Nhat Hanh），全球靈性導師，《正念的奇蹟》作者

超脫的愛不是跟愛人保持距離，也不是對愛人冷漠。反之，這是在人際關係中，設定健康的人我界線，你不會去控制對方，所以你付出的愛，可以讓對方自由。當我們有所依賴，就等於把力量交到別人手上，我們會變得黏人和匱乏，把自己的圓滿和幸福全部寄託在對方身上。然而，一個健康的超脫者，懂得把注意力拉回自己本身，做一些努力和自我照顧，跟自己打好關係，讓自己活得更完整。唯有當個人需求不再依賴別人來彌補，才有可能真正去愛，放下自私的依附關係，付出純粹的愛，不再把對方的事情**攬在身上**，而是把對方和自己都**放在心上**。

貝絲長年以來，一直想限制丈夫飲酒，她買了呼吸檢測儀，還會打電話去酒吧查勤，後來她參加鋁阿農戒酒家族團體，經過治療之後，她對我說：「我突然覺悟了，就讓他自己一個人瘋吧，我才不要跟他一起瘋。」她老公的狀況時好時壞，她不想再隨著他情緒起伏，於是練習超脫的愛，把她自己全力照顧好，這會提升她和孩子的情緒穩定性，終結她跟老公無盡的爭吵。她鼓勵老公繼續治療，並且負起戒酒的責任，唯有這麼

做，他才會好起來。

　　貝絲並不是對丈夫冷漠。我舉救生員的例子，大家就明白了。救生員跳水救人是逼不得已的最後手段，因為救生員涉水，對救生員和溺水者都危險，拋物救援才是更好的作法（救生員留在地面上或救生船）。「如果能伸手急救或拋物急救，絕不涉水急救。」任何受過救生員訓練的人，一定有聽過這句話，以免衝動跳水救人。

　　直昇機父母對孩子過度保護，為孩子抵擋一切的痛苦，這種家長也要練習超脫的愛。我們要跟孩子切割，讓孩子為自己的錯誤負責，從中記取教訓。你可以把孩子放在心上，提醒孩子寫功課，讓孩子為自己的疏忽負責任，但千萬不要把孩子的事情攬在自己身上，幫孩子寫功課，大家看得出來兩者的差別吧？此外，除了作為孩子的後盾，給予支持，樹立規範，同時也要給孩子一雙翅膀，讓孩子做自己，活出自己的人生。孩子要盡情活出自我，不可以只符合父母親的期望。

　　練習超脫的愛，對於人際關係、夥伴關係和朋友關係都有利，你可以讓別人盡情的做自己，你付出了愛，卻不會試圖改變或控制對方。我在婚姻治療看到很多案例，如果受到小我的驅使，想要去改變或控制對方，一定會破壞關係，這時候學會接納，給對方自由的空間，反而會減少衝突，深化彼此的關係。怎麼做到呢？有時候只是小調整，例如男友來拜訪你祖母，穿了一

件舊牛仔褲，你只是單純看見，但不予置評，或者你不堅持洗碗機的碗盤該怎麼擺最好。不過，有時候也需要大調整，例如無論另一半願不願意，都要讓他學會建立信念。超脫的愛，在職場也很管用，會提高生產力和績效[10]。當我們學會了，以前看不順眼的同事，現在倒是能夠和平相處。

　　大家一定要記住，如果想控制別人或者希望別人順著自己的意，那就該好好練習超脫，把注意力拉回自己身上。

練習超脫的愛（15 分鐘，一輩子的練習）

回答下列問題，寫在筆記本上：

- 寫下你想要控制的人。你有沒有成功控制對方呢？這對於你們的關係有什麼影響？這對於你的心理健康有什麼影響？

- 如果放下控制欲，專注於你自己，你有什麼感受？你有沒有發現以前所遺漏的小細節？如果有的話，再多用點心觀察，做一些對自己有益的事，來填補那個缺口。

- 寫出你想要放下的三種控制行為。未來你想要做哪三件事，好好照顧自己呢？

連續做一個星期，試試看超脫的愛，觀察你和身邊的人有沒有更平靜更幸福。

現在來評估你的超脫力。下面的超脫力自我評估練習，整合你在第十章學到的技能，確認你有沒有乖乖練習超脫。

自我評估表（20 分鐘）
超脫力

日期：＿＿＿＿＿＿＿＿＿

依照下列評分標準，在每個問題的空格，填入你的自評分數：

不佳（1～3）、尚可（4～5）、良好（6～7）、極優（8～10）

不良			尚可		良好				極優
1	**2**	**3**	**4**	**5**	**6**	**7**	**8**	**9**	**10**

內在負面思考：你能否超脫自己的恐懼、憤怒、悲傷、懷疑、擔憂和金錢焦慮，站在中立的角度看待一切？＿＿＿＿＿

外在負面思考：你能否站在中立的角度，旁觀別人的情緒，保持健康的距離，讓自己永遠保持平靜，等到對方真正有需要或有意願，再來出手相助？＿＿＿＿＿

期待與結果：你能否放下對結果的執念，無論發生什麼事，永遠相信結果會是好的？＿＿＿＿＿

衝突：你是否會排解衝突，善用超脫的能力，做出周全慈悲的回

應？_____

金錢：你能否把幸福和金錢（或財產）分開來看？_____

接納不確定性：你是否勇於迎接無限的可能，對未知保持好奇心，以激發自發性、創意、成長和探索？_____

接受無常：你能否接受瞬息萬變的世界？_____

不控制別人：別人的健康或幸福，都不在你的管轄範圍，不費心去控制。這部分你會給自己打幾分？_____

拉大格局：你是否會後退一步，從情緒抽離出來，用更大的格局看事情？_____

平靜：面對人生的困境，你是否會維持內心的平靜，不隨便發脾氣？_____

情商：你是否會管控自己的情緒，不干預別人的情緒處理？_____

忍受風險：假設你做的財務決定，有損失的風險，你能否忍受不確定性？如果有足夠的保險，倒是會減輕一些擔憂（〈序言〉的財務健全自我評估練習圖上，也有這根輻條）。你會給自己打幾分？_____

　　把你的答案填在超脫力自我評估練習圖上（如果忘了怎麼寫，可參考第 42 頁「財務健全自我評估練習示範」的範例圖），先從最上方開始填（你在內在負面思考的面向，是不佳、尚可、良好或極優呢？），在那根輻條標出你的分數，然後繼續完成其他輻條。等到每一根輻條都評分完畢，把這些小點連起來。

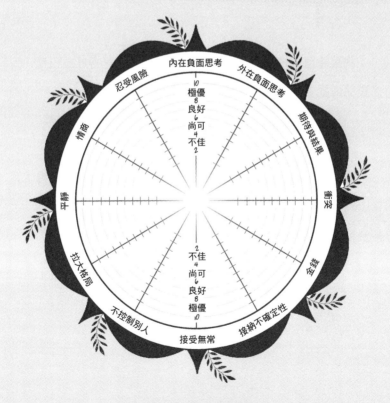

超脫力自我評估練習圖

不要在意分數，盡量對自己誠實。回答下列問題，寫在筆記本上：

- 看一看你的超脫力自我評估練習圖上，有哪三個「凹陷」特別明顯？分別想出兩個改進的辦法。
- 如果你養成超脫的習慣，對你哪兩個生活層面最有幫助？例如夥伴關係、育兒或跟金錢的關係。
- 如果你學會超脫，對你的情緒壓力有什麼幫助呢？

我建議這個練習每個月或每一季做一次，記得標註日期，以便長期追蹤。

做超脫的練習，在邁向成功的路上，可以永遠保持冷靜，化干戈為玉帛。超脫會培養心理韌性，也就是面對挑戰的能力。下一章探討正向思考，你又要學會另一種致富心態了！

ch 11
正向思考

善用極致的樂觀心態，顯化成功

「我們可以改變人生，無論有什麼想做的，有什麼想擁有的，

有什麼期望，都有可能實現，所以要鼓起勇氣，

順應你的願景和目的，活出你夢想的人生。」

羅伊・班奈特（*Roy Bennett*），作者和思想領袖

　　幾年前，我們社區利用假期舉辦一場派對，我朋友藍迪隨口問：「妳的書進展得如何？」我嘆了一口氣，說我早在幾年前就想寫了，但至今還沒寫好。他是心理師，我猜他一定看得出來，是我自己的心理議題在作祟。他一臉嚴肅的看著我說：「妳應該找我師父聊一聊。」

　　「你的師父？」我太驚訝了。「對啊，他是僧侶，可以幫忙你。」藍迪信誓旦旦的說。我對於援助一向來者不拒，於是給那

位僧侶打電話，約時間見面。他並沒有像藏傳佛教的僧侶頂著光頭，穿著袈裟，我萬萬沒想到，他看起來就像普通人，穿黑色 T 恤，是一位六十幾歲的猶太人，平常就待在郊區高地公園（Highland Park）附近的辦公室，位於芝加哥北岸的富人區。

我們初次見面，我一下子就感覺到，他是我見過最聰明的人。他講得頭頭是道，拿出一疊紙，畫了複雜的圖表，證明科學和靈性的交集，我越來越期待他要怎麼幫我。他問我所為何事，於是我向他解釋，有諸多原因導致我的書無法出版。過一會，他打斷我的話，點頭對我說：「我有答案了。」

他拿出一小張紙，寫下幾個字。我的心臟都快跳出來了，我希望這是實現我夢想的鑰匙，讓我的書順利出版。他把紙張遞給我，上面寫著：「WTF。」

我心想，「嗯……有沒有搞錯？」我有點生氣，語帶懷疑的問：「你是認真的嗎？」

「是啊，**WTF** 的意思，就是打破自己的虛構故事（Weaken the Fiction）。」他繼續跟我解釋，如果想要成功，我必須改掉負面的藉口、辯解和無作為，否則會一直原地踏步。

從那個時候起，我下定決心從負向思考轉為正向思考。**依照正向心理學的建議，無論做任何行動，都要「假裝」自己已經如願以償，親身體驗看看那是什麼樣的感覺，重新訓練思考模式，進而相信目標有可能實現。**

　　即使我的書被很多出版社打回票，我在家裡走來走去時，仍會對自己說：「我就跟心目中的英雄布芮尼・布朗一樣，是一位成功的作家和講者。」好朋友謝里林看我這樣，說我是「神經的樂觀主義者」，但是後來她也陪我一起演。她留語音訊息給我，恭喜我的書順利簽約，甚至還計畫去紐約參加簽書會。這一切聽起來很傻，但這種有趣的創意發想，不自覺改變我散發出來的能量。我懷抱正向的態度，為我自己打開了門，才有你現在看到的文字。

治療小站：療程十一（20 分鐘）

　　今天的療程，我們要調高正向思考的音量！回答下列問題，寫在筆記本上。

- 如果你有負面想法，該如何打破自己的虛構故事？
- 為什麼負面思考會妨礙你成功？
- 為什麼正向思考會開啟成功之門呢？

　　我為你感到期待！

現在來培養正向思考，過更富足的人生！

戴上玫瑰色的眼鏡，迎接富足人生

正向心理學所強調的力量和能力，會幫助我們蓬勃發展，馬到成功。一個奉行正向心理學的心理師，會特別強調個案的強項，至於弱點就輕鬆帶過去。如果你沒有心理治療師，也可以靠自己的力量，把注意力放在優點上。

樂觀是對未來有希望和有信心，預期會有好結果。興高采烈的心情，可以營造正向的氛圍，散發出幸福、愉悅和幽默。科學研究顯示，過正向的生活，有下列幾個好處[1]：

- 成長和發展。
- 走過逆境、失落和失敗。
- 改善工作表現和團體關係，賺更多的錢。

神經科學指出，頭腦所建立的神經路徑，主要是習慣和行為所決定的。若習慣負向思考，這就會成為預設模式。反之，練習正向思考，培養好習慣，頭腦會開始建立新的神經路徑。當這些路徑越來越牢固，正向思考就會成了新的常態[2]。這裡提供三個方法，可以把負面思考轉為正向思考。分別是練習感恩、「裝」久了就成真、聚焦光明面。

實踐感恩之心

「我修持感恩之心，所以我覺得萬事俱足[3]。」

歐普拉‧蓋爾‧溫弗蕾（Oprah Gail Winfrey），
美國媒體高層，北美首位非裔美國億萬富翁

　　我長期服務的個案布萊德，有一天發生車禍，他來我辦公室做療程，頸部戴著固定器。我看他為了固定脖子，配戴這麼大的玩意，還真是吃驚啊！頸部固定器似乎是鎖在頭骨上，下面還有四根支柱，撐在他的肩膀上。結果，他看到我的第一句話：「真是感恩啊！」他沒有怪罪那位衝撞他的司機，也沒有想著肉體的疼痛，他倒是深深感謝上蒼讓他活下來。當他這麼想，復原的過程中就只會看到美好。

　　有的人天生懂得感恩，有的人需要靠後天學習。大女兒莎莉絲特九歲左右，我發現她有「只剩下半杯水」悲觀看法，例如她會說「我們今天沒去公園」，非說「真開心，我們今天去了海灘，還跟朋友一起玩」，於是我買一本正向思考的書，叫做《趕走負面想法》（No More Stinking Thinking），書中收錄很多練習，可以重新訓練腦袋，讓她無論面對任何的情況，都選擇看光明面。這本書果然管用，她成為妹妹的典範。我離婚不久後，二女兒克勞蒂雅以感恩為題目，寫一篇學校的報告，她竟然

說她很幸運，有愛她的爸媽和兩個家，沒有任何缺憾。

重新訓練腦袋的方法很多，例如說正向語言、寫感恩日記、餐前感恩禱告、團隊合作後互道感謝。我每天躺下來睡覺，會回想當天值得感謝的事情，針對每一件好事表達謝意，這樣我入睡時會更平靜。

感恩是個人的選擇，我看過不幸福的富人和幸福的窮人。我有一位個案因為成癮，幾乎失去一切，她的老公是醫生，因濫用鴉片類藥物而死，她自己則有酗酒的問題，把肝臟都搞壞了（後來接受肝臟移植）。她本來是富裕的社會名流，成功的記者，如今卻終生殘障，靠社會救濟度日。我們有一次療程安排在感恩節之後，她深綠色的眼睛閃耀著光芒，充滿著感恩，原來是她長大成人的孩子一起回來探望她，陪她吃一頓晚餐。我見她如此感恩，忍不住泛淚。

心懷感恩，即使面對困境，也可以正向看待，像我就很感謝阻礙我升遷的主管，要不是她，我根本不可能創業。從今以後，如果再有人小看我，我不會心煩，反而會換個角度看，體諒對方有眼不識泰山！感恩，就可以看見暗藏的幸福。研究顯示，感恩還有下列的好處[4]：

- 緩解憂鬱和負面情緒。
- 提升正向情緒。
- 覺得人生更有意義。

- 更懂得紓解壓力。
- 維持更健康的社交關係。
- 提升工作表現，進而改善財務。

　　你總算知道感恩的厲害了，我們一起來做感恩練習吧！

正向以待，激發感恩的心（15分鐘，一輩子的練習）

　　正向以待的技巧，就是換一個角度看事情，培養感恩的心，這會澈底改變思維的模式。人生面臨新挑戰嗎？試著正面看待吧！下面提供幾個例子：

- 假設你即將跟消費信用機構的顧問碰面，聊一聊你的信用卡債，可是上次見面之後，你的卡費不減反增，所以你現在很煩惱。這時候不妨換個角度想，你真是幸運呀！可以諮詢專家的意見，改善財務狀態。
- 假設你上個月業績太低，即將跟老闆開會檢討。這時候不妨換個角度想，感謝老闆願意指導你，提點你，針對你的新策略給意見。

現在換你了，回答下列問題，寫在筆記本上：

- 列出三個新挑戰或障礙，至少有一個跟事業或財務有關。
- 為什麼你覺得是挑戰？
- 現在換個角度看，遇到這件事，有沒有可能是你的福氣呢？

弄假成真

阿爾弗雷德・阿德勒（Alfred Adler）創立阿德勒心理學，發明一種稱為「弄假成真」的治療技巧。個案會進行角色扮演或「假扮」，彷彿他們早已實現期望[5]。社會心理學家達里爾，貝姆（Daryl Bem）認為，弄假成真給大家一個機會，去創造正向的人生故事，把最好的結果呈現出來[6]。「假扮」有助於跳脫負面思考，別讓這些念頭成為成功的絆腳石。

我最近有一場課前討論會，現場大約有一百位小公司老闆，我請他們互相自我介紹。他們閒聊了一下，簡單介紹自己，例如職稱和工作地點。在課堂上，我請他們設定事業願景後再做一次自我介紹，只是這一次必須假裝他們已經實現夢想。

一開始，他們有點抗拒，露出緊張的笑容，只有幾個人勉為其難站起來。有些人不知道該怎麼做，不敢坦承自己的夢想，深怕別人會覺得自己傻，於是我提醒大家，記得要抱持豐盛心態，盡量把夢想做大，就像天空一樣無限大！後來，大家都適應

並站起來參與對話。過了幾分鐘，他們都樂在其中。

　　突然間，整間教室全是發明家、作家、名人和企業領袖，不僅聞名國際，還獲獎無數呢！他們抬頭挺胸，走起路來更有自信了，笑臉盈盈，聊得**越來越熱烈！**二十分鐘後，我好不容易才喚回大家，否則他們還想繼續聊下去，再也回不去那個自我克制、輕聲細語的自己了。最後發表心得感想時，大家說這個練習很管用，就算現實和期望有差距，也沒有那麼焦慮了。我拿到活動評分，看到大家都稱讚這個練習，誇說是當天最震撼的活動。

　　你也做得到！你內心的軟柿子可能會感到不安，但你內心的大明星倒是會樂此不疲喔！

弄假成真（10 分鐘，一輩子的練習）

　　下列是弄假成真的操作方式，挑選一個適合你的吧！

- 說出你「最近有什麼值得嘉獎的成就」進而改善你的財務，用攝影器材錄下來（聲音或影片都可以，但最好是錄影，因為你重複播放時，可以看到自己的臉），錄製的時間越長，

說明的內容越詳盡越好。錄好之後，至少聆聽一兩次，重新訓練你的神經迴路，進行正向思考。

- 找一個你信任的知己（可能是另一半、好朋友或心理師），花五分鐘在他們面前假扮，裝成你已經實現目標的樣子，然後聽聽看對方的意見，你不妨主動問對方「我是不是看起來很幸福快樂？」

最後寫心得感想。當你假裝夢想已經實現了，內心有什麼感覺？起初是否會感到不自在？後來有沒有越來越上手？

看到事情的正面，可以解決問題

心態正向的人，總會看穿問題，尋找解決辦法，做一些真正有用處的事。在焦點解決治療（solution-focused brief therapy，SFBT）中，個案和心理師只在乎做什麼管用，而不會懊悔做什麼不管用。焦點解決治療有兩大主軸，一是不去聊問題，二是去尋找特例，讓心態變得更正向，以解決問題為主。

心理師和個案「不去聊問題」，只討論個案沒問題的生活層面。如果你發現自己或別人老是在抱怨朋友、另一半、家庭或工作，這個方法很管用！一定要試試看，你會發現溝通變得更正向，更有生產力。另一個主軸是「尋找特例」，心理師會要求個

案回想一下，雖然生活有一些問題，但有沒有例外的時候[7]。舉例來說，如果夫妻經常為錢爭吵，心理師會鼓勵雙方去回想，夫妻倆是否有平心靜氣談論錢的時候。不浪費時間和心力去追究問題發生的原因，個案反而會想通，原來自己心中早已有解決辦法。經常做這個練習，絕對會有好結果。

　　現在輪到你了！

尋找特例（10 分鐘，一輩子的練習）

　　回答下列問題，寫在筆記本上：

- 你目前在煩惱什麼問題呢？
- 你還記得人生什麼時期，從來沒這個問題過？
- 當時有什麼特別之處嗎？
- 當時你做了什麼特別的事情嗎？
- 當時你有什麼不同的思維模式嗎？
- 當你發現這個特例，現在有沒有改變想法了？

懷抱正向的心態，跨越舒適圈

現在你會說正向的話語，該是說到做到的時候了！快點付諸行動，讓人生變得更美好吧。無論是要舉手發言，請老闆加薪，找夢想的工作，自行創業，向某人表達愛意，都可能令你望之卻步，可是做了這些事，會幫助你突圍致勝，迎接更豐盛的人生。

數年前，美國廣播公司聯繫我，想要錄製壓力管理的全國性節目，我聽了很害怕，但我想要拓展業務，於是就興致勃勃答應對方。結果呢？我自己寫的壓力管理建議，我自己都做不到，錄影前一晚沒睡好，一大早補充大量咖啡因，就連我每天早上必做的冥想，也壓根忘記要做。節目製作人和工作人員抵達後，第一件事就是把我候診室的傢俱全部搬到角落，這樣才有空間架設燈光和收音設備。等到他們搞定後，製作人問我準備好了沒。我回答：「當然準備好了！」刻意裝出平靜的樣子，不料收音師竟然拆我的台：「妳的心臟砰砰跳，麥克風都聽得一清二楚。」

被抓包了！

錄製的過程中，我要假裝自己在做諮商，製作人請一位朋友來充當個案，我要建議「個案」如何紓解壓力，但他這個人明明就已經夠平靜、放鬆了。當他追問我還可以做些什麼，我有一點慌張，於是脫口而出：「這個嘛……摸一摸你的狗，來一段美好的性愛，都有舒壓的效果…」製作人突然喊卡，他說這

兩個建議都很好，可是放在一起說，並不太恰當，害我們笑得人仰馬**翻**，現場笑聲不**斷**。發生這段小插曲後，我不再裝腔弄勢，直接做回自己，最後贏得製片人的青睞，邀請我參與更多拍攝計畫，例如加入 MTV 真人實境秀《真實世界》（*The Real World*），為節目中的來賓做團體諮商。

全體鼓掌

　　高一的某一天，我忘了寫科學作業，於是我詢問史奈德老師，能不能讓我隔天再交。「如果妳願意站在前方的實驗桌，大唱《普世歡騰》，我就讓妳隔天交。」我直視他的雙眼，面帶微笑，把椅子往後推。整個教室鴉雀無聲，我往教室前方走去，感覺背後有二十五雙眼睛盯著我，其中有很多同學是我不認識的。我爬上高高的黑色桌子，擺出瑪丹娜的站姿，一頭燙壞的捲髮還別著蝴蝶結（那個時候是一九八六年……），我給自己一個深呼吸，然後引吭高歌，唱「傑洛米是牛蛙」的那一個版本。等我唱完，全體同學都起立鼓掌。

　　做了如此愚蠢又大膽的行為，為我的人生帶來意料之外的幸福。當天下課後，有兩位我不認識的女同學，特地來跟我說，這是她們見過最勇敢的舉動，想跟我做朋友（我們至今仍是朋友）。史奈德老師看得目瞪口呆，他任教二十年以來，我是第一個接招的學生。他給我的作業打高分，而且在老師之間，到處宣

傳我的事蹟，當我去上別的課，老師都會問我：「妳是在史奈德課堂唱歌的那位女孩嗎？」這件事讓很多老師注意到我，鼓勵我多參加學生會、啦啦隊或合唱團。

　　長大以後，我一直在創造類似的經驗，而且我偏好專治恐懼症的暴露療法。我每一段經驗都在跨越舒適圈。誠如布芮尼・布朗所言，有勇氣站出來，讓大家看見，無論完不完美，都是莫大的福分，因為我們會從中獲得信心、經驗和能力[8]。秉持正向的態度，把握每個新機會，需要熱情、勇氣和行動，不可以只有癡癡的許願，還要做一點事情。研究調查顯示，刻意採取行動來實現事業的目標，會提高對事業的滿意度，也會增加薪資[9]。現在想一想，你可以做什麼事情，來拓展你的世界呢？

做一點暴露治療吧！（20 分鐘，一輩子的練習）

　　這個練習稱為系統減敏法，屬於行為療法，可以治療恐懼症和焦慮症，基本上就是跨出舒適圈，接觸你原本討厭的事物，步驟如下：

- 如果要跨越舒適圈，在近期締造成功的事業，你有哪三件事

非做不可的呢？

- 從中挑選最重要的一件事。要完成這件事，你必須具備什麼
資源和能力呢？

- 研擬行動計畫，下決心在近期完成。假設你一直很害怕在大
家面前演講，不妨去參加 Toastmasters 社團或者報名即興劇
課程。

- 設定一個日期，你要在期限內履行計畫。麻煩你信任的朋友
從旁監督你，支持你完成計畫。

財務健全大補帖：談判也要發揮正向思考

「相信你自己，為自身的利益討價還價，

把握成功的機會[10]。」

雪柔・桑德伯格（*Sheryl Sandberg*），Facebook 執行長，

億萬富翁，learning.org 創辦人

大家通常沒想過，正向思考也是各種談判的祕密武器。我總
是鼓勵個案和學員多談判，這可是追求個人成長，為自己爭取權
益的機會。每次他們想升遷或者找新工作時，我都會問：「你覺
得自己會成功嗎？」如果他們回答：「競爭太激烈，我可能上不

了。」我會接著說：「你一定上不了。」他們聽我這麼說，通常會大吃一驚，因為他們很清楚，我是信任他們的，然而我也深信自我實現的預言。如果你預期會有不好的結果，你會做出打擊自我的事情，結果當然會不好呀。別人都對你有信心，你為什麼不對自己有信心呢？

西北大學凱洛管理學院（Kellogg School of Management）針對女性企業家，舉辦談判專題研習課，我報名這門課，為出售諮商所做準備。課堂上，老師鼓勵大家要穿越恐懼，從小買賣開始練習起，小至買車、租車、談薪水，大至商業交易。其中一位老師是社會學家，她曾經是雪柔・桑德伯格暢銷書《挺身而進》的研究班底。她認為女性不太會談判，應該立刻開始練習。我創業以來，雇用過數百名員工，深有同感。每次跟面試者談職務和薪水，女性總是回答：「謝謝妳，我可以接受。」但依我的經驗，男性一向這樣回覆我：「謝謝妳，我再考慮幾天，因為你們提供的佣金，比我預期的還要低。」他們通常還會再回來，希望談到更高的薪資和職位，或者爭取更多的培訓機會和福利。

男性在職場爭取自己的權益，大家會覺得聰明有自信，但如果換成女性，大家會覺得傲慢、強硬、難搞[11]。這些文化變數會拉大兩性的薪資差距，但最大的因素仍是性別歧視，導致同樣的工作，女性的薪水硬是比男性少了 22%[12]。這個世界需

要更多像馬克・貝尼奧夫（Marc Benioff）這樣的領導人，他身為 Salesforce 的執行長，斥資 600 萬美元矯正公司內部因為性別、種族、族群所造成的薪資差異[13]。

我上完談判課，再也不自己花錢買檔案櫃了。安美城心的業務持續擴張，我需要更多的檔案櫃，每個要價 1,200 美元。自從上談判課後，我談租賃契約的時候，會順便要求屋主提供狀況良好的檔案櫃。他們本來就有這些設備，而我可以省下數千美元。每次我去大採購，也會主動詢問業務員有沒有更優惠的方案，仔細觀察他們的肢體語言。之前購買庭院家具組，最後我談到了免運費，並且還加贈椅套（價值 250 美元）。後來，我就開始跟實習生分享談判戰術，鼓勵他們為自己爭取權益。

不屈不撓的談判者

我還沒上談判課之前，每次跟希薇雅開會，我都甘拜下風，她的談判功力太厲害了。她是賽爾維亞裔美國人，相當年輕，她來我的諮商所工作，是為了累積臨床實習時數，以取得臨床心理師執照。由於希薇雅的職務很低階，還需要別人的監督和培訓，所以時薪比合格諮商師低很多，導致她入不敷出。她工作滿一年，向我提議加薪，可是她要求的薪水，遠高於我向來給低

階職位的薪水。我在此跟大家分享，她令我永生難忘爭取加薪的五大祕訣，大家都可以仿效：

1. **採取行動**。我是諮商所的老闆，希薇雅主動發出邀請，希望當面聊一聊，她的語氣有禮貌，而且自信堅定。她表示她工作滿一年，希望有加薪的機會。我們是新創企業，還沒有定期評估績效的習慣，要不是她主動要求，她可能就沒機會談加薪了，所以我很欽佩她這麼做。

2. **練習感恩**。希薇雅開宗明義，先感謝我雇用她，給她學習機會。她也衷心感謝我願意雇用新移民，英文只是她的第二語言。我深深感覺到希薇雅對我的尊重和重視。

3. **事前準備：**等到我們開始談加薪，我可以感覺到，希薇雅有備而來。她用數據證明過去一年來，她做了多少個案和療程，而且她擅長留住個案，生產力很高。此外，希薇雅還提到，她向芝加哥的東歐社區毛遂自薦，引介好幾位新個案，她還刻意提醒我，她的賽爾維亞語、波士尼亞語和克羅埃西亞語都很流利。最後，她查過保險公司給付的平均保費，再扣掉她目前的薪資，她覺得有很大的加薪空間。她做足這些準備，都在說服我從她的視角看事情。

4. **洞察力：**一方面，希薇雅有健全的自尊心，就事論事，向我證明她值得更高的薪水。另一方面，她也會體諒公司，考慮到營運成本，從我的角度看事情，卸除我的防備。

5. **同在**：這是一枚神奇子彈。我跟希薇雅解釋，為什麼我會這樣制定薪資，為什麼我不一下子把薪水調得很高。以前的員工聽到我這麼說，可能會跟我道謝，直接打退堂鼓，但希薇雅不一樣，她按兵不動。這氣氛令人不太舒服，時間彷彿變慢了。她那雙聰明的綠色大眼睛，一直望著我，整間辦公室安靜到了極點，我甚至聽得見掛鐘的滴滴答答聲。她知道我在考慮加薪時會衡量她對組織的價值，於是她抬頭挺胸，展現自己的價值，堅持到最後，我終於答應加薪，開出比以往更高的薪資。希薇雅感激不盡，我們離開辦公室的那一刻，兩人的心情都很好。

七年後，希薇雅成為諮商所臨床經理，負責安美城心某一個營業據點，她現在的薪水遠高於我們當初談的加薪。我準備出售安美城心時，仿效希薇雅的作法。我認清有什麼事情可以妥協，有什麼事情不能妥協，所以在最後的談判階段，堅持不再承擔某些經營責任，雖然會影響交易價格，但還好我堅定不移，我的期望都有如願達成。

提升工作滿意度

　　下一個練習，你要確認目前的工作，有沒有需要改善或協調的地方。無論是為別人工作，自己當老闆或自行創業，都可以做工作滿意度自我評估練習，評估你對目前這份工作的滿意程度，確認有什麼地方需要改善或協調。

　　你可能以為，談判主要是談薪水，但這個自我評估練習包羅萬象，涵蓋談判的一系列好處，適用於各種情境，例如你正在準備績效評估，或正在找新工作，權衡每一家公司的待遇。如果你剛好失業，不妨想著上一份工作做練習，或者想著未來的新工作，制定一整套談判架構。如果你是自營業者或大老闆，做這個練習會發現你值得改善的地方，例如跟顧客調漲費用，跟供應商或包商談出更划算的價格，研擬更完善的福利計畫。

自我評估表（20 分鐘）
工作滿意度

日期：＿＿＿＿＿＿＿＿＿

依照下列評分標準，在每個問題的空格，填入你的自評分數：

不佳（1～3）、尚可（4～5）、良好（6～7）、極優（8～10）

不良			尚可			良好			極優
1	**2**	**3**	**4**	**5**	**6**	**7**	**8**	**9**	**10**

薪資／報酬： 在這根輻條的外圍，標註你目前獲得的報酬，包括薪資、佣金、紅利。你覺得目前的報酬好不好呢？＿＿＿＿＿

醫療福利： 列出目前的醫療福利，包括醫療險、牙科和視力保險、健康儲蓄帳戶，以及健身房會員等額外福利。你覺得目前的醫療福利好不好呢？＿＿＿＿＿

編註：健康儲蓄帳戶（HSA）是一種稅收優惠的醫療儲蓄帳戶，適用於已參加高扣除額健康計劃的美國納稅人。存入帳戶的資金在存款時無需繳納聯邦所得稅。與靈活支出帳戶不同，HSA 資金如果不支出，則可以每年累加。

退休福利： 列出目前的退休福利，你有多少稅前資金，試算「自願提繳勞工退休金」或「國民年金」，準備可以投資的「退休帳戶」。你覺得目前的退休福利好不好？＿＿＿＿＿

休假：你休假的彈性有多大呢？包括給薪和不給薪的休假。你有幾天的特休和病假等？你覺得目前的休假多不多？_____

持股／配股：你有沒有資格成為合夥人或持股人，購買股票期權，或者有沒有分紅配股？你在公司的持股和配股多不多？_____

樂趣：列出這份工作令你喜歡和不喜歡的地方。你從工作中獲得的滿足和樂趣多不多？_____

意義：深入思考工作有哪些面向，對你特別有意義和有幫助。你能不能找到工作的意義呢？_____

順應自我：列出你獨特的天賦才能、核心價值和使命。你的工作有沒有順應你真實的自我呢？_____

工作和生活的平衡：你目前的工作狀態，哪些層面是有彈性的，哪些層面缺乏彈性？所謂的彈性，包括在家辦公、彈性上班、工作和生活的平衡、通勤時間短、需不需要出差。_____

賞識：你的努力和成就會受到認可，例如肯定的話語、適當的職稱、獎勵、額外津貼。你在職場有沒有獲得賞識？_____

事業發展：列出你追求事業發展的機會，例如接受指導和培訓等學習機會。你有沒有充足的事業發展機會呢？_____

跟同事的連結：你的工作是否會促進合作、社會支持和歸屬感呢？你跟同事之間的連結強不強呢？_____

　　把你的答案填在工作滿意度自我評估練習圖上（如果忘了怎麼寫，可參考第 42 頁「財務健全自我評估練習示範」的範例圖），先從最上方開始填（你在薪資／報酬的面向，是不佳、尚可、良好或極優呢？），在那根輻條標出你的分數，然後繼續完成其他輻條。等到每一根輻條都評分完畢，把這些小點連起來。

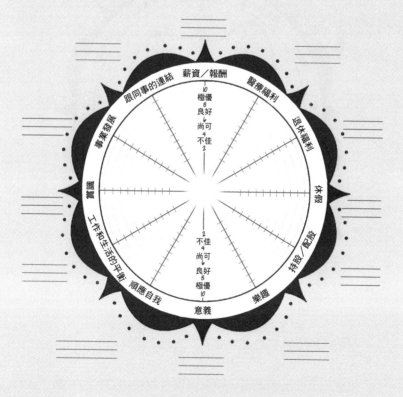

工作滿意度自我評估練習圖

　　在每一根輻條的外圍，填寫你覺得重要的項目，如果不知道該怎麼寫，翻到下一頁，有範例可以參考。

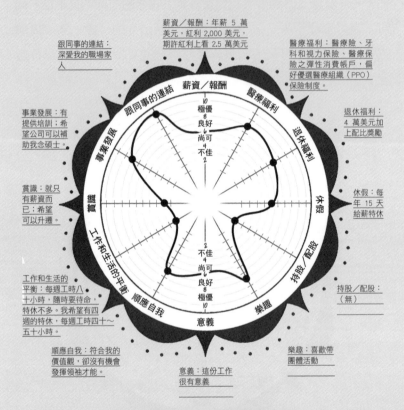

薪資／報酬：年薪 5 萬美元，紅利 2,000 美元，期許紅利上看 2.5 萬美元

跟同事的連結：深愛我的職場家人

醫療福利：醫療險、牙科和視力保險、醫療保險之彈性消費帳戶，偏好優選醫療組織（PPO）保險制度。

事業發展：有提供培訓；希望公司可以補助我念碩士。

退休福利：4 萬美元加上配比獎勵

賞識：就只有薪資而已；希望可以升遷。

休假：每年 15 天給薪特休

工作和生活的平衡：每週工時八十小時，隨時要待命，特休不多。我希望有四週的特休，每週工時四十～五十小時。

持股／配股：（無）

順應自我：符合我的價值觀，卻沒有機會發揮領袖才能。

意義：這份工作很有意義

樂趣：喜歡帶團體活動

工作滿意度自我評估練習的範例

　　注意看上面這個範例，你會發現有兩個凹陷特別明顯，分別是工作和生活的平衡，還有持股／配股。這兩個就是值得改進或協調的部分。

等你做完自我評估練習，回答下列問題，寫在筆記本上：

- 為了看出整體的工作滿意度，把所有輻條的分數加總，平均除以 12，結果落在哪一個區間呢？是不佳、尚可、良好或極優呢？

- 有哪三個輻條的分數特別低嗎？

- 在你目前的工作環境，這三個層面有協調空間嗎？還是要靠你自己營造？

- 如果你繼續做目前的工作，有可能創造更富足的人生嗎？還是說，你必須另外做一些改變？寫下你的想法和行動計畫，詳述你心中的理想。

　　這個練習每年至少做兩次，持續督促自己，在職場爭取自我權益。練習的次數越多，你會做得更好。記得標註日期，以便長期追蹤！

　　你做得很好！本章的最後，當然要有正向的結尾。下面的正向自我評估練習，整合你在本章學到的技能，衡量你有沒有把正向思考帶入生活中。

自我評估表（20分鐘）
正向思考

日期：＿＿＿＿＿＿＿＿＿

依照下列評分標準，在每個問題的空格，填入你的自評分數：

不佳（1～3）、尚可（4～5）、良好（6～7）、極優（8～10）

不良			尚可		良好			極優	
1	**2**	**3**	**4**	**5**	**6**	**7**	**8**	**9**	**10**

正向心理學：把注意力放在致勝的強項和天賦上。「你的杯子是半空還是半滿呢？」針對這個問題，你是不是偏向「半滿」的心態呢？＿＿＿＿

打破自己的虛構故事：覺察自己在找藉口或負面思考，並設法克服，相信自己跟成功的距離並不遠。你會給自己打幾分？＿＿＿＿

感恩：表達感謝。你會不會花時間反思，有什麼值得感謝的事情嗎？＿＿＿＿

轉念思考：無論面對什麼情況，你都會看到光明的一面嗎？＿＿＿＿

正向情緒：快樂、喜悅、幽默和好心情。你有多會營造歡樂的氣氛呢？_____

樂觀：對未來有希望和信心，預期會有好結果。你對未來的想法夠樂觀嗎？_____

熱情：對自己做的事情充滿熱情。你是不是很積極保持正向呢？_____

勇氣：做你害怕的事；跨越舒適圈。你覺得自己有多勇敢呢？_____

行動：發現機會，採取行動，進而達成目標。你的行動力強不強？_____

創意：發揮正能量，提出原創的想法、構想或創新理念。你覺得自己多有創意呢？_____

解決問題導向：只顧著發揮強項，尋找解決辦法，不去討論問題。你會給自己打幾分？_____

談判：你在職場和財務上，有多會為自己爭取權益，創造雙贏的結果呢？_____

　　把你的答案填在正向思考自我評估練習圖上（如果忘了怎麼寫，可參考第 42 頁「財務健全自我評估練習示範」的範例圖），先從最上方開始填（你在正向心理學的面向，是不佳、尚可、良好或極優呢？），在那根輻條標出你的分數，然後繼續完成其他輻條。等到每一根輻條都評分完畢，把這些小點連起來。

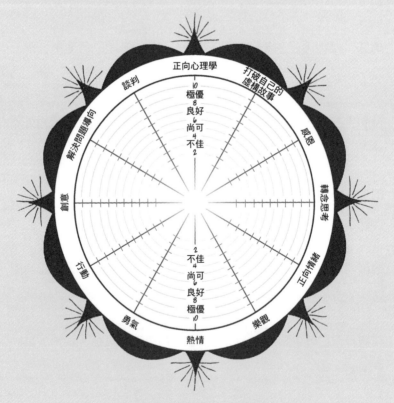

正向思考自我評估練習圖

我們每個人都可以活得更正向一點。這個練習不妨每個月或每季做一次，持續提升你的正向思考力。記得標註日期，以便長期追蹤。

回答下列問題，寫在筆記本上：

- 看一看你的正向思考自我評估練習圖上，有哪三個「凹陷」特別明顯嗎？為什麼會這樣呢？
- 如果你改善這三個層面，對於你的生活、事業和財務會有什麼幫助？
- 想出三個辦法，改善這三個層面。

你一定可以的！唭呼！萬歲！（我高中是啦啦隊，看得出來吧？）

現在你養成正向思考的習慣了，接下來要學會穩住自己，不受任何人或任何事所打擊。

ch12

韌性

化逆境為機會

> 「人生最大的榮耀，並非永不跌倒，
>
> 而是每次跌倒了，都能夠爬起來。」

拉爾夫・沃爾多・愛默生（*Ralph Waldo Emerson*），十九世紀詩人和哲學家

合夥人突然跟我拆夥時，前主管比爾・赫夫南（Bill Heffernan）安慰我：「這是天大的禮物！」我當時並不明白他的意思，但仍在內心默默期許，這段失落或困境會帶來幸福。拆夥後那幾個月，堪稱我人生最黑暗的時期。全世界的重擔彷彿都壓在我肩上，每天要面對債權人，還有憂心的員工，但是我依然乖乖起床，走一步，算一步。日子一天一天過，我越來越昂首闊步，對自己的決定更有信心，甚至把我的力量和希望分享給員工。我彷彿經歷蛻變，蛻去弱小版本的我，發揮我最大的潛

能。我原本以為，我一定要有副駕駛員陪著，但後來發現，其實我可以獨立飛行，這樣我反而更自由，更有自信。

我的生活從外面看起來，還不是那麼理想，但我的內心更強大了。作家麗塔‧梅‧布朗（Rita Mae Brown）曾經說過：「人就像茶包一樣，除非泡在熱水中，否則永遠不知道它的能耐。[1]」當我克服事業的挑戰，以後再遇到什麼，我都有信心全身而退。我終於明白，比爾為什麼說「這是天大的禮物！」他挺過四輪癌症治療。在他做完第三輪治療時，就算醫生勸退他，希望他接受安寧緩和醫療，他仍堅持到底。因為這段人生經歷，他很清楚人生中重要的是什麼，不重要的是什麼。他花很多時間跟家人相處，還有鼓勵別人堅持到底，克服難關。他是我見過最有韌性的人了。

我做正念練習，持續鍛鍊韌性。做瑜伽教會我一件事，如果我做某個動作不舒服，那就保持呼吸，自然而然就會度過了，我的柔軟度、平衡感、肌力還會變好，下次做同樣的動作，我會撐得更久。有一天，瑜伽教室來了一位海軍軍官，他說：「軍隊也會做瑜伽，但我們不叫瑜伽，而是叫韌性訓練。」聽他這麼說，我開始注意該如何透過做瑜伽，來鍛鍊自己的韌性，無視自我限制的聲音，就算一再跌跤，也要嘗試我從未做過的事。

你知道烏鴉式嗎？這是考驗平衡感的瑜伽體式。深蹲，手撐在瑜伽墊上，雙手的距離跟肩膀同寬，膝蓋靠著三頭肌，把重心

轉移到十根手指，抬起臀部，彎曲膝蓋，雙腳離地。

烏鴉式

　　這是高難度的體式，很需要肌力和平衡感，還記得我第一次嘗試，只覺得我不可能做到。於是接下來的幾年裡，只要有烏鴉式，我就會對自己說「我做不來」，退回嬰兒式，基本上就是直接放棄，趴回瑜伽墊休息。直到有一天，我問我自己：「我是在給自己設限嗎？我勸別人要堅持到底，我自己也要做得到。」於是我開始嘗試，一次只抬起一條腿，也會嘗試讓雙膝靠在手臂上，但雙腳不離地，然後實際來真的試看看，可惜好幾次都倒栽蔥。經過幾個月練習，我終於做到了，雖然沒有停留很久，但是我做得到！

　　這個練習教會我，人就是要不斷嘗試，任由自己失敗和跌

跤，然後一再的爬起來，終究會突破自我設限。跌跤是學習的必經過程，等你做到，那感覺真是好極了！因為有這些經歷，我變得更堅強，準備好迎接下一個挑戰。

治療小站：療程十二（20 分鐘）

這是最後一個療程了！我們前面學到的技能，都可以鍛鍊韌性。今天回想你曾經克服過什麼大挑戰。回答下列問題，寫在筆記本上：

- 你是怎麼走過來的？
- 你學到什麼教訓呢？
- 這些對你財務的韌性有什麼幫助呢？

自我反思是必要的，你完成了！做得好！

韌性是成功的關鍵，有韌性就已經成功一半了！

> 「韌性的程度，比教育、經驗和訓練更重要，
> 攸關一個人的成敗。[2]」
>
> 黛安・庫圖（*Diane Coutu*），《哈佛商業評論》

有韌性的人，可以活得精彩，度過難關，讓自己的未來發光發熱。韌性讓我們走出困境，變得更堅強。沒韌性的人，會自行宣告失敗，裹足不前。我曾經聽個案說過：「我無能為力」、「我試過一次了，但是沒有用」、「我註定要孤老一生」、「我的創業理念失敗了，只好繼續做我討厭的工作」。除非我們主動覺察這些錯誤的信念，並且做出改變，否則會徒勞無功。

唯有鍛鍊韌性，才能在工作和人生致勝。韌性鍛鍊課是我最熱門的企業培訓課程。研究調查顯示，維持良好的韌性，有下列幾個好處：

- 工作表現（連帶改善財務）[3]
- 改善心理健康 [4]
- 提升生活滿意度 [5]
- 長壽 [6]

我當心理師這些年，發現那些克服成癮的人，往往最有韌性。我喜歡協助成癮患者，一來我不怕他們，二來我看到他們

的韌性會感動。有些個案因為成癮而失去一切，包括婚姻、工作、金錢、健康，後來回歸正常生活，過著健康、充滿愛和富足的人生，他們正是運用前幾章傳授的技能，成功鍛鍊自己的韌性。

豐盛

豐盛思維會敞開心房，就算面對難關，也看得到可能性和解方。豐盛思維會激發合作和團隊的精神，進而鍛鍊韌性[7]。當自我價值感提升了，你會永遠記住，你值得過更美好的生活。

覺察

多覺察自己，多理解別人，可以提升適應力，安然度過各種高壓情境[8]。

責任

當人生陷入困頓，要懂得負起自己的責任，練習寬恕，放下自己掌控不了的，如此一來，你會帶著韌性，一路向前行[9]。

活在當下

善用正念的力量，活在當下每一刻，可以排除負面的念頭和想法，提升你從逆境復原的力量[10]。

本體

如果有健全的自尊，就會保持自信堅定，度過人生各種難關。謙卑的態度也會提升韌性，接納別人的負面意見。追求靈性成長，找到人生更深層的意義和目的，也會鍛鍊韌性[11]。

愛自己

練習善待自己，就算失敗，也不會感到羞恥[12]。愛自己的行為，包括適度的睡眠、營養和運動，都可以提升情緒和身體的韌性[13]。

願景

事先規劃未來（包括財務），做好萬全準備，自然會度過難關[14]。

支持

社會支持會改善心理健康，讓你更有韌性[15]。

慈悲

懷著慈悲的心，即使身陷困境，也會保持正向情緒[16]。

超脫

超脫可以節省精力，等到有需要再使用，尤其是人生陷入困頓的時候[17]。一個高情商的人，懂得調適壓力，用健康的方式處理情緒[18]。

正向思考

正向思考會激發創意，建立穩固的關係，鼓勵彈性思維，這些對韌性都有加分效果[19]。心懷感恩的人，更能夠適應環境，面對壓力[20]。展開正向思考，並且採取行動，就能夠堅持不懈，砥礪前行。

既然你已經具備了韌性，現在來探討韌性的厲害，韌性會幫助你穿越任何人生境遇。

面對再大的阻礙，也能夠憑著韌性戰勝恐懼

> 「*每一次你停下來正視自己的恐懼，你會得到力量、*
> *勇氣及自信。你可以告訴自己：『我經歷過如此可怕的事，*
> *必能迎接往後的挑戰』[21]。*」
>
> 愛蓮娜・羅斯福（*Eleanor Roosevelt*），外交官，行動家，前美國第一夫人

有一次，我老公傑森帶我去露營，營地在北達科塔州的羅斯福國家公園。到了半夜我想上廁所，但露營地的廁所在野外，我要走一百公尺才會到。步行途中，我注意到身旁有灌木叢的陰影。那個陰影突然長高了，竟然是一頭野牛。我和野牛只相距六公尺，野牛不斷踱步，發出喘息聲。羅斯福國家公園四處都張貼著「勿靠近野牛」的告示。野牛的體重一兩千磅跑不掉，野牛

跑起來的速度，每小時達到四十哩。可是如果不小心吵醒了野牛，野牛就在你面前，怒氣沖沖盯著你，到底該怎麼辦呢？羅斯福國家公園倒沒有跟大家解釋清楚。

我本來還睡眼惺忪，頓時進入高度警戒，我身上每一根寒毛都豎起來了。我閉住氣一動也不動。我是要留在原地呢？還是要直奔廁所呢？我還拿不定主意，廁所距離我所在的位置還有十五公尺。那頭野牛的身後，竟然還有一位同伴，我驚覺大事不妙，繼續保持不動，我擔心如果我往前衝，野牛受到驚嚇，可能會窮追不捨，於是我開始深呼吸，活在當下，善用我的直覺。我雙眼直視著野牛，一邊慢慢向後退，一步步向廁所逼近，並做好逃跑的準備。野牛一直盯著我，直到我走進廁所。野牛看我走開了，似乎滿開心的。我安全抵達廁所，鬆了一大口氣。等到我上完廁所，我往外一看，野牛仍站在月光下。我盡可能離野牛遠一點，特地沿著柏油路走回營地，我推測野牛不太會睡在馬路邊⋯⋯。一回到帳篷，我喚醒傑森，聊起這段奇遇。他瞪大眼睛，一副差點要失去我的表情，但既然我活下來了，這就變成特別的經歷！因為這段經歷，我開始去思考戰鬥、逃跑和靜止不動的反應。

一般人面對壓力源，不外乎戰鬥、逃跑和靜止不動，可是這三種對恐懼的反應都是出於無意識，流於僵化，在大多數情況下並非最恰當的反應，也不會有什麼成長或進展。我們大可運用內

在的資源，例如活在當下、超脫恐懼的情緒、正向思考，好好發揮直覺的力量，有意識的解決問題和做決策，選擇最適合當下環境的反應，一邊度過壓力期，一邊鍛鍊韌性。

所謂的認知彈性，是有能力考慮其他選項，唯有這樣才可以在逆境之中鍛鍊韌性，而非誤以為自己只有一兩個選項，陷入僵化思維 22。高樓大廈要能夠隨風搖擺，必須有足夠的彈性，否則一面對壓力，就有可能斷裂。我們面對人生的困境，也要保持彈性、變動、開放和創意。以韌性戰勝恐懼，確實會有好結果。研究調查顯示，勇於面對恐懼和壓力源，有動力去解決問題和自我成長，通常會有更好的表現 23。每一次挑戰，都是自我探索和成長的機會。

職場裡的野牛

我從野牛事件記取教訓，後來公司遇到大危機，正好派上用場。安美城心跟某間大保險公司，長年有認證的問題，每次諮商所申請團體合約，保險公司總會搞錯名稱和稅務識別碼，跟我的個人合約搞混，我也真是糊塗，明知道合約出錯，卻置之不理。那間保險公司的保戶占了安美城心個案數的兩成，老是要跟保險公司反應，我都覺得心累。後來有一天，保險公司的風險管理部打電話來：「喬伊絲，我們看到系統的資料，發現妳在星期一看了四十八位病人，特別來電關切。」我聽得膽戰心驚。雖然

這些療程一切合法，都是由合格心理師完成，但保險公司的系統卻顯示，全是我一個人做的。我開始擔心保險公司有可能告我詐欺，甚至跟安美城心解約，我會眼睜睜看著事業付諸流水，於是我陷入恐懼和羞愧，不知所措，這就是所謂的「靜止不動」。

　　為了解決問題，我曾經考慮跟保險公司解約，這就是所謂的「逃跑」。如果我這麼做，很多個案就要自掏腰包做心理治療，公司的業務勢必會雪上加霜。我也有想過找律師，交給律師來談，這就是所謂的「戰鬥」。跟大保險公司硬碰硬，就好比跟野牛打架。

　　最後，我選擇先穩住自己，包括活在當下、超脫恐懼的情緒、向客戶經理和會計師求助，勇於面對問題。我跟保險公司正式通話前，趴在辦公室的沙發上做嬰兒式，冥想片刻。我做好最壞的打算，態度盡量保持中立，卸下防備心。等到我們正式通話時，我把真實的情況都說出來。個案經理也很挺我，居中調解。最後，保險公司竟然對我說：「安美城心一直以來為我們保戶提供絕佳的服務，謝謝妳，我們會好好解決認證的問題。」

　　我鬆了一口氣！這個經驗讓我成長很多，再也不做違約或違法的生意了，再也不會！以後遇到難關，我心裡也有譜，知道該如何應對：

- 避免戰鬥／逃跑／靜止不動的反應。
- 向認識的人徵求意見和求助。

- 運用正念的技巧，把心安定下來，營造出放鬆和諧的環境，
  以便解決問題。

　　你也做得到的！

找地雷（10分鐘，一輩子的練習）

　　先回想一下，你是否曾運用謀略，成功克服人生大挑戰，這就是所謂的「找地雷」，屬於焦點解決短期治療。試試看吧！想像你未來可能面臨什麼壓力，若要度過難關，該採取哪些策略呢？

　　比如我會思考一年之中，有哪些時候壓力特別大，當我家還有學齡孩童時，每年五月、九月、十二月通常是最忙的，我的工作就不會排太滿，還會多預留一些時間照顧自己。至於財務層面，十二月和八月是淡季，以前我沒有在做「找地雷」的練習，事先做好規劃，所以會有金錢焦慮，但我現在不一樣了，反而會善用淡季，客戶不上門的時間，讓自己安心去度假。

　　回答下列問題，寫在筆記本上：

- 展望未來一週或未來一個月，有哪三件事讓你備感壓力？至少有一件事必須跟財務有關，例如付帳單或審核預算。

- 針對你列出的每件事，想出三個成功的策略，例如你算帳之前，先去跑個步，或者在算帳之後，找朋友聚餐，當成自我獎勵。

- 現在安排好這些策略的執行時間。

　　恭喜你做好萬全準備，絕對會比以前更有韌性！

財務健全大補帖：提升財務韌性

　　所謂的財務韌性，就是從財務危機復原的能力，例如突然失業、鉅額開銷、業績下滑、經濟蕭條、疫情或投資失敗。金融專家戴夫‧拉姆齊表示，維持健全的財務，就像蓋房子一樣，先有穩固的地基（例如有緊急預備金，債務低或無債務），否則風暴一來（財務危機），一下子就垮了[24]。

　　度過財務危機的能力，跟危機發生前的財務狀態有直接關係。二〇一七年研究報告顯示，39％美國人沒有存款，57％美國人存款低於 1,000 美元[25]，這也難怪有高達三分之二美國人缺乏財務韌性，一旦面臨重大財務危機（新冠肺炎期間是常有的

事）就撐不過去了。如果你沒有什麼積蓄，債台高築，入不敷出，你要花更長的時間，才能夠度過財務危機。為了培養財務韌性，最好要做到下列幾件事：

- 編列預算
- 盡量壓低債務收入比
- 減少可自由支配的花費，量入為出，這樣才可以存錢
- 儲蓄緊急預備金
- 償還大筆債務
- 履行投資策略（就算經濟大蕭條，也不要隨便抽出資金[26]）

　　理財規劃師大多會建議，緊急預備金要有足夠金額，至少能應付三～六個月生活費，幫助你度過難關。為了儲蓄緊急備用金，你必須減少無謂的非固定開銷，善用自動扣款功能，每個月把錢存入儲蓄帳戶或投資帳戶。我建議閱讀大衛・巴哈（David Bach）和約翰・大衛・曼恩（John David Mann）合著的《拿鐵因子：最小又最強的致富習慣》，還有戴夫・拉姆齊（Dave Ramsey）的著作《平穩的財務》（Financial Peace），你會發現長期省小錢，確實會大大改善財務狀況，例如每天省下喝拿鐵的錢。

　　緊急備用金可以放在活存帳戶、貨幣市場或短期定存，這樣哪天有急需，就可以隨時動用。當你準備好緊急備用金，你就會

考慮投資未來，包括做退休規劃、儲蓄大學基金、買房子、付房貸。你也會考慮多角化投資，來提升自己的財務韌性，假設你把所有積蓄都拿來投資房地產，一旦房市崩盤，你的財務韌性就岌岌可危了，反之假設你同時投資房地產、共同基金和定存，就算房市崩盤，仍會有充足的金錢。你的投資必須符合你的價值觀，不妨投資對社會有益的團體，例如關注環境永續的企業，投資這樣的企業，也會提升全球社群的韌性喔！

累積人力和社會資本也會提升財務韌性[27]。人力資本是你擁有的知識、技能和經驗，可以為你未來的老闆效命，當然也包括你的健康，畢竟健康攸關工作能力、生產力和工作表現。社會資本是你擁有的支持網絡，可以在你困頓的時候提供你財援和／或情緒支持、後勤支援，假設你付不起交通費，剛好有人願意載你一程。

做好理財規劃，累積人力和社會資本，絕對會提升財務韌性。我做心理師這些年，碰過有財務韌性的人，也碰過沒財務韌性的人，這兩種人在面對二〇〇八年房市崩盤及新冠肺炎疫情等挑戰時，壓力程度、人際關係壓力、金錢創傷可是差別很大的。說到我的個案安柏，她本來繳不出帳單，差點要破產了，後來我們處理好自尊和自我照顧的議題，她開始懂得未雨綢繆。她平常兼職做圖畫設計，不僅提高設計費，還拼命打廣告，提升副業業績。不到六個月，她就存了數千美元，銀行還核發一張信用

卡給她——只限於緊急用途。經濟大蕭條期間，她被裁員，失去朝九晚五的正職，但她之前的積蓄，足以支付幾個月的房租，更何況她找到新工作之前，還可以繼續接案以設計圖畫維生。

　　我衷心希望，每個人都可以平安渡過突如其來的財務危機，一起來做練習吧！

做好規劃，提升財務韌性（20 分鐘，一輩子的練習）

　　回答下列問題，寫在筆記本上：

- 提升財務韌性，有可能改善你的境況嗎？
- 你有沒有依照第二章設定的預算，嚴格控制開支？若要量入為出，多存一點錢，你必須做什麼改變呢？
- 你有沒有緊急預備金？如果你有緊急預備金，現在累積的金額，能不能應付三～六個月生活費？如果你沒有緊急預備金，設定一個務實的目標，加強你的緊急預備能力。想出兩個具體步驟，達成這個目標吧。
- 如果遇到財務危機，你可以向誰尋求情緒支持、財援或後勤支援呢？你現在可以做什麼努力，累積社會資本，未雨綢繆呢？

進步未必是線性的：把挫折看成學習成長的機會！

「我們可能會遇到許多挫敗，但我們一定不能被打倒[28]。」
馬雅・安傑盧（*Maya Angelou*），美國詩人，民權鬥士

挫折是人生常有的事。我們如何面對挑戰，決定了我們到底是會向下沉淪、原地踏步，還是會成長茁壯。韌性會幫助我們前進。我當心理師這些年，有很多個案是因為挫敗，才開始尋求心理治療，比方失業、做生意失敗、事業不如意、分手、舊病復發、發生難過的事情、犯錯或失敗。這些壓力源出現後，一般會先經歷退化階段（regression），陷入自我戕害的行為或負面思考。有韌性的人會勇於承認自己的挫敗，想辦法恢復原狀，重返正軌。

我很多個案原本誤以為進步一定是線性的，每一天都會比前一天更好，直線向上發展，可是個人發展和事業發展都不是線性的。下面有兩張圖，左圖我們期望的進步，右圖才是真實的進步，你會有進步，但你也會再度面對挫敗，從中記取教訓，設法恢復原狀，然後再進步。真正的療癒和進化是這樣才對。我們會期許自己韌性提升後，挫敗的次數變少，頻率變少，沒有以前那麼密集。

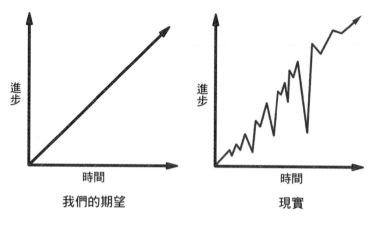

期望和現實的差距

登頂前爆發高山症

　　我看過這麼多病人，發現大家在實現夢寐以求的目標前，總會面臨重大的挫敗，我稱之為「登頂前爆發高山症」，亦即在抵達人生頂峰的前一刻，突然對自己喪失信心，心理全面崩潰。運動心理學研究發現，經過漫長的努力後，可能會降低自我效能（相信自己會成功的信念）[29]，可見在實現主要目標前，往往會經歷信心危機。因為自我懷疑反而加倍努力，正是最後一波衝刺，幫助當事人度過危機，締造偉大的成就。

　　我在很多個案的身上，都有觀察到「登頂前爆發高山症」的現象，有的個案差點要成功戒癮，達成人生里程碑；有的個案長年治療憂鬱症，開始懷疑自己治不好；有的個案距離事業高峰不遠了。有趣的是，我寫這個章節，也正在經歷「登頂前爆發高山

症」。中國有一句諺語：「當你想放棄的時候，成功往往比你想像的更近。」

「登頂前爆發高山症」，主要有下列幾個原因：

- 害怕真正努力過，到頭來卻失敗的感覺。
- 長期拼盡全力，而有過勞或疲勞的情況。
- 深怕成功之後，跟自己原本的期望不同。
- 深怕成功之後，必須承擔期待和責任。

成長思維

為了度過難關，一定要培養成長思維，激發自己的韌性。研究調查顯示：

- 肯努力、策略正確、有別人的協助，會鼓勵你投注更多心力和時間，換來更高的成就[30]。
- 設定學習目標，而非績效目標，才不會因為負面意見或挫折就垂頭喪氣。當你面對難關或挫折，不妨換個角度想，看成是一段正向的學習經驗，這樣你才會奮鬥不懈，有動力堅持到底[31]。
- 在職場懷抱成長心態，可以改善工作表現，進而改善財務[32]。

這些年來，我受邀加入心理師小組，每一位小組成員都有成功的心理諮商事業。我們彼此還有一個共通點，就是曾犯過滔天

大錯，害公司差一點倒閉，所幸最後都有重新爬起來，再給自己一次機會。《牧羊少年的奇幻之旅》作者保羅‧科爾賀說過：「人生的祕密就是，雖然跌倒七次，還能站起來八次。[33]」你也做得到！

把焦點放在成長上（15 分鐘，一輩子的練習）

回答下列問題，寫在筆記本上：

- 你對於事業、創業或財務的未來發展，有什麼特別的期待呢？你所期待的未來是線性發展呢？還是一路上起起伏伏呢？

- 你有沒有遭遇過「登頂前爆發高山症」？（在達成重大成就之前，曾經懷疑過你自己）

- 你遇到重大挫折時，會不會換個角度想，當成給自己一次學習經驗呢？如果你未來再遭遇挫折，成長思維對你會有什麼幫助呢？

發揮韌性，活出最美好的自己

迎接挑戰，人生智慧會增長。發揮韌性，跨越重重關卡，人會羽化蛻變，卸下自我限制，迎向更偉大的自我，活得更有品質、意識和財富。就我個人的觀察，當個案發揮韌性，度過難關，通常會發生下列好事[34]：

- 學會善待自己，同理別人，放下評斷心。
- 學會覺察和領悟人生的價值（這一點超重要），還有人與人之間互相依賴。
- 提升自我價值感、自信和自尊。
- 比以前更有自信迎接人生挑戰。
- 不再為小事煩惱，領悟人生中總有掌控不了的事。
- 把自己學習到的人生經驗，用來幫助和支持別人。
- 培養品格。
- 發揮自己真正的長處。
- 找到有類似經歷的朋友，拓展社交圈。

最後一次療程，我總會跟個案分享，我從他們身上看到哪些正向改變和成長，他們跟以前相比有什麼地方蛻變了，這是一件苦樂參半的事，一方面稱讚他們在治療過程中，做出莫大的努力，另一方面代表就要結束治療關係了。

　　如果大家都乖乖鍛鍊韌性，這個世界應該會很不一樣，所引發的療癒和正向改變，絕對會在全世界泛起漣漪效應。謝謝你，盡力成為最美好、最富足的自己。下列幾個妙招，會維持你自我改變的原動力。

- **不要拿自己的進度跟別人比較。**每個人有不同的福分和挑戰，所以會踏上不同的成功之路。別再設定績效目標，拿自己的表現跟別人比，以免意志消沉[35]。閉上眼睛，從現在起，只跟你自己比較。

- **相信結果會是好的。**盯住目標，心無旁鶩，永遠相信你會實現。堅持願景，相信過程。

- **一切都是最好的安排**[36]。每件事的發生都有其完美時機，宇宙自有計畫，一切都是最好的安排。成功會在適當的時機到來，每一次失敗，都只是延後成功而已。

練習肯定自己的韌性 [37]（10 分鐘，一輩子的練習）

練習說這些肯定語，持續鍛鍊韌性：

- 我通過無數的考驗，我相信這一次，也會順利通過。
- 我就像風中的蘆葦，能屈能伸，靈活變通。（這句肯定語是我老公的最愛，他自己寫的）
- 我心胸開放，懂得適應環境。
- 我一直在成長、進化和發展。
- 我會堅持到底，成功致富。
- 我掌握自己的力量，拒絕交到別人的手上。
- 我會運用聰明才智，跟大家分享我的天賦才能，大鳴大放，永遠不怕得罪人。
- 我閃耀自己靈魂的獨特光芒，如此耀眼動人。
- 我真誠表達自己的心聲，順從自己的精神、心靈和直覺。
- 我愛我自己，我經常確認自己的想望、需求、期望、渴望和夢想。
- 我相信我會度過一切困難，不怕被拒絕，也不怕失敗。
- 我自由開放的表達愛，容許我展現脆弱，享受愛的喜悅。
- 我在生活和工作上設定健康的人我界線，懂得適度拒絕。

- 我主動追求對我有意義的工作、嗜好和關係，滋養我的靈魂，放下會束縛我靈魂的責任。
- 我期待新的經驗、關係和機會，跨越舒適圈。
- 我練習善待自己、接納自己，用愛化解羞愧、難堪和不安，進而實現高我和最美好的自己。
- 我不受恐懼和懷疑影響，選擇接受愛、信任和勇氣的指引。

　　下面的韌性自我評估練習，整合十二章所介紹的技能，幫助你評估自己的韌性。

自我評估表（20 分鐘）
韌性

日期：＿＿＿＿＿＿＿＿＿＿

依照下列評分標準，在每個問題的空格，填入你的自評分數：

不佳（1～3）、尚可（4～5）、良好（6～7）、極優（8～10）

不良			尚可		良好			極優	
1	**2**	**3**	**4**	**5**	**6**	**7**	**8**	**9**	**10**

視挑戰為機會：你面對逆境時，能否看見光明面和恩典？
＿＿＿＿

信任過程：就算過程中遇到困難，不得不延遲計畫，你還能否相信會有好結果？＿＿＿＿

適應：你是否會調整自己，適應生活和工作的新變化，一直好好活著？＿＿＿＿

變通：你邁向成功之路時，心胸夠不夠開放？有多願意妥協呢？你願不願意調整原計畫，而非直接放棄？＿＿＿＿＿

力量：你的身心靈有多堅強呢？你有多大的恆毅力呢？_____

動力：你有多大的動力和決心，去實現你心中的目標呢？_____

成長思維：你可以把挫折和失敗，視為成長的必經過程嗎？_____

財務韌性：平常要儲蓄緊急預備金、多角化投資、累積個人和社會資本，這樣才撐得過財務危機，持續發展。你給自己打幾分？_____

不跟別人比較：你追求目標的過程中，是不是會避免跟別人比較？_____

恢復力：你遇到人生考驗，能不能盡快回歸正常？每次你遭遇挫折，例如失業、分手、疾病等難關，有沒有重新爬起來？_____

堅持：所謂的堅持，是有決心做到底，就算面對阻礙，也不輕言放棄。如果你遭遇困難或延遲，還有辦法堅持目標嗎？_____

蛻變：你能否發揮韌性，改造自己的工作、財務和生活，澈底改寫人生？_____

　　把答案畫在韌性自我評估練習圖上（如果忘了怎麼寫，可參考第 42 頁「財務健全自我評估練習示範」的範例圖），先從最上方開始填（你在視挑戰為機會的面向，是不佳、尚可、良好或極優呢？），在那根輻條標出你的分數，然後繼續完成其他輻條。等到每一根輻條都評分完畢，把這些小點連起來，變成一個圈。

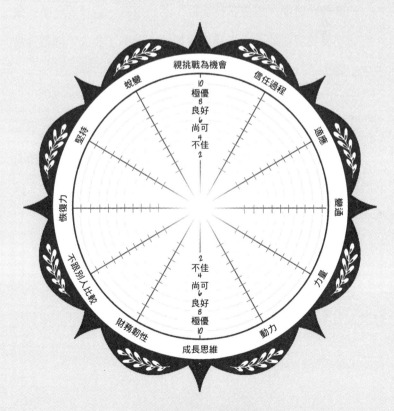

韌性自我評估練習圖

回答下列問題，寫在筆記本上：

- 看一看你的韌性自我評估練習圖上，有哪三個「凹陷」特別明顯嗎？

- 自從你執行致富心態養成計畫後，韌性有沒有提升？

- 你覺得還可以在哪些人生層面，持續鍛鍊自己的韌性呢？

記得標註日期，以便長期追蹤，不妨每隔一個月或一季，做一次韌性自我評估練習，持續鍛鍊韌性。過不了多久，你就是韌性之王囉！

恭喜你完成致富心態養成計畫！最後的結論，統整本書所有的內容，我已經迫不及待想看你進步多少了。現在來確認你完成哪些項目吧！

結論
致富心態的人生智慧

追求圓滿富足

「*對我來說，『成為』不是到達某個地方或實現某個目標，*

反之，『成為』是前進的動力、進化的手段、

不斷讓自己變得更好，所以這趟旅程並沒有終點。」

蜜雪兒・歐巴馬（*Michelle Obama*），律師、前美國第一夫人，
著有暢銷書《成為這樣的我：蜜雪兒・歐巴馬》（*Becoming*）

　　恭喜你，這麼的堅持，努力培養致富心態！現在終於完成致富心態養成計畫，具備了實現成功事業和圓滿人生的必要能力。你學到什麼呢？你有沒有說到做到呢？一起來確認你進步多少吧！

自我評估表
致富心態養成

日期：＿＿＿＿＿＿＿＿＿＿

依照下列評分標準，在每個問題的空格，填入你的自評分數：

不佳（1～3）、尚可（4～5）、良好（6～7）、極優（8～10）

不良			尚可		良好			極優	
1	**2**	**3**	**4**	**5**	**6**	**7**	**8**	**9**	**10**

　　下面的致富心態養成自我評估練習，包含了每一章介紹的致富心態。

豐盛：你是否會轉念，從匱乏心態切換到豐盛心態？＿＿＿＿

覺察：你是否會打破不良的習慣和思維模式，選擇更富足的人生道路？你會不會隨時注意自己的心理健康呢？你是否會卸下心防，放下否認呢？＿＿＿＿

責任：你是否會負起個人責任，做到寬恕，釋放掉內心的憤恨和怒氣？＿＿＿＿

活在當下：你能否活在當下，體會此時此刻獨有的豐富感受？
＿＿＿＿＿

本體：你能否連結內在光芒和高我？＿＿＿＿＿

愛自己：你是否會練習自我照顧、自我肯定和善待自己？你是否會壓制內在的破壞者？＿＿＿＿＿

願景：你能否發揮想像力，觀想鋪滿黃金的街道，試著用魔幻的方式，重新改造你自己的人生？＿＿＿＿＿

支持：你是否會敞開心接納別人的支持，斬除有害的關係，迎接真正支持你的人，進而為世界做出更多貢獻？＿＿＿＿＿

慈悲：你是否會敞開心胸，給別人鼓勵，把愛傳出去？＿＿＿＿＿

超脫：你能否從內心小劇場抽離，避免陷入負面情緒，堅持走自己的路？＿＿＿＿＿

正向思考：你有沒有感恩的心，點石成金的能力，為自己創造更多富足？＿＿＿＿＿

韌性：你有多大的韌性？你能否度過難關，重新爬起來？你會不會在克服挑戰的過程中，一次次成長蛻變呢？＿＿＿＿＿

　　把你的答案填在致富心態養成自我評估練習圖上（如果忘了怎麼寫，可參考第 42 頁「財務健全自我評估練習示範」的範例圖），先從最上方開始填（你在豐盛的面向，是不佳、尚可、良好或極優呢？），在那根輻條標出你的分數，然後繼續完成其他輻條。等到每一根輻條都評分完畢，把這些小點連起來。

致富心態養成自我評估練習圖

　　用心觀察你的致富心態自我評估練習圖，自從你執行致富心態養成計畫後，是不是每個層面都有進步呢？不妨每季做一次評

估，確認你走在正軌上，過著更有意識的生活。

　　這絕非旅程的終點。養成致富心態，不只是達成有限的目標，而是要養成新的生活方式。每當遇到人生關卡，自我評估練習圖就可能會有凹陷，沒關係的，這很正常！你已經擁有必要的工具，讓你能夠保持平衡、完整、富足。我們每一個人都在持續追求心理和財務的健全。

　　回答下列問題，寫在筆記本上：

- 你哪三個致富心態最健全呢？這能不能幫助你改善其他層面呢？

- 哪些輻條最低分呢（凹陷特別明顯）？你覺得原因出在哪？你打算做些什麼來培養這些心態？

- 執行致富心態養成計畫時，你覺得什麼有加分效果？比方，你是不是需要有人從旁督促你，或者幾個人組成一個小團體，共同執行致富心態養成計畫呢？

　　無論你前進幾步，一切都是最好的安排。還記得我跟你分享過，我的個案處理好心理健康後，沒想到就增加銀行存款了，你也會有相同的際遇。致富心態養成計畫一定會改善你的財務。

　　你在本書的一開始做了財務健全自我評估練習，現在可以拿出來對照。財務健全自我評估練習圖上每一根輻條，正好對應各

章的自我評估練習。我們來看一看，你執行致富心態養成計畫
後，財務有沒有變得更健全呢？

自我評估表（20 分鐘）
財務健全

日期：＿＿＿＿＿＿＿＿＿

依照下列評分標準，在每個問題的空格，填入你的自評分數：

不佳（1～3）、尚可（4～5）、良好（6～7）、極優（8～10）

不良			尚可		良好			極優	
1	**2**	**3**	**4**	**5**	**6**	**7**	**8**	**9**	**10**

肯定自我價值：你覺得你值得過更富足的生活嗎？（豐盛）＿＿＿＿

管控預算：你清楚自己的收入和開銷嗎？你至少每個月會確認
一次預算和現金流，量入為出，誠實面對自己的財務問題嗎？
（覺察）＿＿＿＿

準時繳帳單：信用卡延遲繳款，可能要支付違約金。你是不是很
會處理帳單，準時繳納各項費用呢？（負責）＿＿＿＿

量入為出：你有沒有在練習正念消費？你習慣量入為出，以免債台高築嗎？（活在當下）＿＿＿＿

計算淨價值：淨價值是總資產（包括銀行帳戶、投資和財產）扣掉負債（信用卡債、貸款、房貸）。說到你目前的淨價值，你會給自己打幾分？（本體）＿＿＿＿

善待自己：你在餘裕之內，對自己有多好呢？（愛自己）＿＿＿＿

財務規劃：說到財務健全，包括償還學貸或卡債，存錢買房子，讓孩子上大學，為退休作打算，你會給自己打幾分呢？（願景）＿＿＿＿

定期跟理財顧問報到：你每年會定期諮詢理財顧問，確認自己的理財策略沒問題嗎？（支持）＿＿＿＿

做慈善：你會不會在自己能力範圍內，支持你覺得有意義的團體？（慈悲）＿＿＿＿

談判：所謂的談判，包括要求加薪或福利，討論採購價格或合約，還有討價還價，以便跟對方成交。你擅長談判嗎？（正向思考）＿＿＿＿

風險容忍度：有足夠的保險，你受到的衝擊就沒有那麼大了。你覺得你的醫療險、車險、房屋險、事業險或壽險足夠嗎？（超脫）＿＿＿＿

儲蓄和投資：你的存款最好要預留三～六個月的生活費，還有準備未來的退休基金帳戶。說到儲蓄和投資，未雨綢繆，你會給自己打幾分呢？（韌性）_____

　　把你的答案畫在財務健全自我評估練習圖上（如果忘了怎麼寫，可參考第 42 頁「財務健全自我評估練習示範」的範例圖），先從最上方開始填（你在肯定自我價值的面向，是不佳、尚可、良好或極優呢？），在那根輻條標出你的分數，然後繼續完成其他輻條。等到每一根輻條都評分完畢，把這些小點連起來。

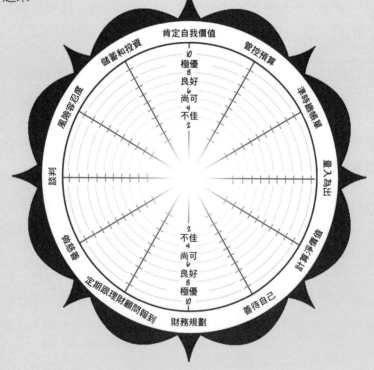

財務健全自我評估練習

跟你之前的練習比一比，確認你進步多少。回答下列問題，寫在筆記本上：

- 哪三個層面進步最多呢？你有什麼感覺？
- 有了這些進步，你還想做什麼努力或慶祝呢？
- 哪三個層面還有進步空間呢（凹陷特別明顯）？
- 你有什麼行動計畫嗎？

記得標註日期，以便長期評估，證明你養成富足心態後，確實會改善財務。恭喜你！你已經完成最後一項活動了！

把財務健全自我評估練習圖定期拿出來做，不斷追求自我發展和進步，迎向更豐盛的生命、愛和富足之流。從今以後，無論人生遭遇什麼，你都有能力應付，你會維持工作和生活的平衡，追求個人的幸福，創造富足人生。如果你發現自己有進步，一定要跟別人分享，邀大家一起執行富足心態養成計畫。如果每個人都讓自己變得更好，我們下一代會擁有更美好的世界。

真正的成功，是敞開心胸、真誠至性、帶著滿滿的愛，追求自己和別人最良善的一面，盡可能活出更高層次的自我，這就是我對你的祝福。願你心智清明、心胸開放、靈魂喜悅舞動，大家都要興旺富足喔！

謝辭

永遠感謝我的出版經紀人喬伊・杜特拉（Joy Tutela），謝謝你相信我，還有我的著作，謝謝你的智慧、引導和擁護，讓這本書得以出版。要不是你，這件事根本不可能成真。我由衷感謝你的勤奮、善良和耐心。

很感謝 Sounds True 的夢幻團隊，包括珍妮佛・布朗（Jennifer Brown）、葛麗特・哈坎森（Gretel Hakanson）、萊斯里・布朗（Leslie Brown），把這本書做到最好。我十分珍惜你們專業的忠告和建議，滿心感激，能跟你們合作，是天大的榮幸！

我一直很感激 Daily House 的策劃編輯柯琳・卡薩諾瓦（Corrine Casanova）。妳是名副其實的愛書人，打從我剛提企劃案的時候，妳就一直協助我出版。我第一次寫書，還好有妳當我的寫作教練、啦啦隊、治療師。妳真的很厲害，一下子就把我一堆抽象的構想，化為清楚的思路和明晰的結構。妳的正向思考、自信和好相處，讓合作的過程如沐春風，一切都在掌握之中，合作愉快。我對妳極為敬仰。

我要向西蒙・戈登（Simon Golden）博士公開致謝，感謝你擔任我的研究顧問和內容顧問，大方分享寶貴的意見和建議，讓這本書超乎我期待的好。你是我所見過最聰明、善良和可靠的專

業人士。我始終相信共時性，以及人與人之間的靈性網絡，感激你的阿姨蓋兒・戈登（Gail Golden）博士幫忙牽線。

很感謝艾莉克斯・紐曼（Alexis Neumann）繪製美麗插圖。感謝妳在設計的過程中，展現了創造力、變通力和耐心。感謝 mConnexions 的茱莉・霍頓（Julie Holton）提供品牌顧問服務，協助我行銷這本書。妳們兩位天賦異稟、善良、專業，為我貫注全心全意和靈魂。感激不盡！

感謝其他協助出版的人，尤其是策劃編輯辛蒂・喬希克（Cindy Tschosik），把企劃內容改得更平易近人。我深信要不是妳，我根本無法跟 Sounds True 的夢幻團隊簽約。我好感謝妳，妳為人幽默，一直致力於推廣心理健康。

我衷心感謝審閱過初稿的人，你們給我真誠深刻的意見，讓這本書變得更完備，包括法拉・胡山・拜格（Farah Hussain Baig，臨床社工師）、萊斯裡・貝克・肯蒙斯（Leslie Baker Kimmons，博士）、麗莎・雷基（臨床心理諮商師）、麥克・克魯里斯（Michele Kerulis，臨床心理諮商師）、安・佩崔斯・貝克（Ann Petrus Baker・公衛碩士）、蘿拉・唐納（Laura Tanner，管理會計師）、蘿拉・康納（Laura Connor，心理諮商師）、比爾・萊普爾（理財規劃顧問）、海倫・麥金（Helen McKean，護理學碩士）。我特別景仰各位的智慧，感謝各位的友誼，為我耗費時間，給我寶貴意見。

　　我深深感謝我的整合治療師兼個人教練史黛西・佩奇・厄伊恩（Staci Page Oien）。妳滋養我的身心靈，這是無法言喻的感激之情。妳一路陪著我療癒，並完成這本書。我一直深信，寫這本書是我的靈魂使命。我愛妳，有妳在，真是太好了。

　　我無比感謝安美城心的高層、員工、諮商師和個案，因為有你們，安美城心才會如此成功，尤其是雪莉・范歐佛（Shelly Vanover）、愛麗森・賽爾（Alison Thayer，臨床心理諮商師）、露恩・托伊（Luann Toy）、約翰・范歐佛（John Vanover）、安卓亞・艾默里克・布朗（Andria Emerick Brown）、愛麗莎・耶歐・瓊斯（Alyssa Yeo Jones，心理諮商師）、萊斯里・荷利（Leslie Holley，臨床心理諮商師）、泰賈・維穆禮（Taejah Vemuri，心理諮商師）、布里奇特・列維（Bridget Levy，臨床心理諮商師）等人。我很感謝提姆・肯尼（Tim Kenny，會計師）、麥克・阿迪卡里（商管碩士）、史蒂夫・歌德以及更心心理保健服務。要不是你們，我的事業不可能會成功。

　　非常感謝我的人生導師和顧問，包括馬克・薩謬爾森（Mark Samuelson，臨床社工師）、比爾・赫弗南（Bill Heffernan，臨床諮商心理師）、麗莎・法爾茅斯・韋伯（Lisa Faremouth Weber，專業瑜伽師資）、凱薩琳・楊納捷克、蘭西・弗爾（Nancy Vogl）、珊蒂・卡卡切克（Dr. Sandy Kakacek，臨床諮商心理師），我更感激的是，你們不僅信任我，也支持我

成為更優秀的心理治療師、講者和專業人士。你們改變了我的人生軌跡，鼓勵我去指導和支持別人。謝謝各位。我衷心感謝雅琳‧英格蘭德，一直擔任我的心理治療師，感謝妳療癒我，讓我變得更好。有妳陪著我，我這十年才會改變這麼大。

我好愛我的兄弟姐妹，謝謝泰瑞莎‧康斯坦丁‧列文（Teresa Costantini Levin，還有她老公史蒂夫）、寶拉‧貝朗格（Paula Belanger，還有她老公里奧）和羅伯特‧布林克曼（Robert Brinkman）。感謝你們的愛、鼓勵和支持。小泰一直相信我，支持我成為最好的自己，我們度過許多幸福快樂的時光，既是好姐妹，也是好朋友。寶拉一直是我的人生導師，陪我建立人生信念，一起聊媽媽經，我很珍惜彼此深厚的姐妹情，還有妳生了三個可愛的外甥女（露西亞、瑪德琳、瑞秋）。羅伯是我心目中的典範，一直維持工作和生活的平衡。我愛你們，爸媽對我們每一個孩子，都深感驕傲。

至於我最好的朋友謝里林‧維蘭（心理諮商師、臨床社工師），我想要對妳表達滿滿的愛和感謝。這二十年來，妳是我的支柱，逗我笑，給我支持。我每一天都很珍惜我們的友誼。你是我人生中最美好的禮物。我還要感謝我堅強的女性朋友們，包括雪莉‧葛瑞柯（Shelly Greco）、妮可‧萊波（Nicole Laipple）、夏綠蒂‧莫里斯（Charlotte Morris）、黛比‧阿爾登（Debi Ardern）、珍妮佛‧亞格（Jennifer Jacque）、珍妮佛‧弗洛美

（Jennifer Froemel）、凱莉・史威爾金（Carrie Swearingen），以及我以媽媽身分相識的朋友，我在工作上認識的朋友，我一起練瑜伽的同學，我兒時的朋友等。你們每一個人都鼓舞了我。

　　我把所有的愛，都獻給我老公傑森・梅洛茲克（Jason Marotzke）以及我的孩子們。傑森，感謝你有一顆溫柔的心，一直是我靈魂的慰藉，我非常非常愛你。你是我心目中最理想的朋友和伴侶，我欣賞你的智慧、善良、慷慨和堅強。莎莉絲特（Celeste）和克勞蒂雅（Claudia）能來當我的女兒，是我最大的榮幸和喜悅，每一天，我都在感謝上蒼，妳們是我的光和愛，看妳們那麼有天賦、努力、幽默、體格和品格，我就驚喜萬分。我為妳們感到驕傲，我好愛妳們。凱特琳和尼可拉斯是上天多賜與我的孩子，也是我人生中最美好的禮物，你們兩個是我見過最善良、仁慈、懂得感恩、有趣、有創意、有天賦的年輕人，我好愛你們。我愛我的家人，感謝我們為彼此帶來幸福，我特別感謝傑森的家人和我的姻娌，謝謝這個有趣緊密的家庭，願意敞開心接納我，還有我的孩子。

　　最後，謝謝我的個案、督導和學生，很榮幸可以跟你們共事。你們教會我人生的功課，讓我累積豐富的人生經驗。因為有你們，我才會持續成長，因為有你們的故事，我才會寫出這本書，造福更多人。謝謝。（瑜伽雙手合十禮）

喬伊絲敬上

讀書會討論

- 你最喜歡這本書哪些內容呢？

- 你還沒執行致富心態養成計畫前，有多麼關心自己的心理健康呢？

- 你讀完這本書，有沒有更認識自己？

- 你覺得心理健康會影響財務嗎？為什麼？

- 你執行致富心態養成計畫後，你對金錢的態度或行為有沒有改變？

- 說到你的小我，你覺得比較偏向大明星還是軟柿子？為什麼？

- 說到你的人生願景，你會怎麼跟別人描述呢？

- 你有什麼天賦和強項，讓你獨一無二？如果要實現願景，這些天賦和強項對你有什麼幫助呢？

- 你練習這本書十二個致富心態，有沒有看出心理健康和存款的關聯性呢？

- 如果要為你的韌性評分，最高 10 分，你會給自己打幾分？在你追求成功的路上，韌性扮演什麼助攻的角色呢？

　　你在序言和結論都做過財務健全自我評估練習，兩者相互對

照有什麼不同嗎？

　　你從致富心態養成計畫中，學到了什麼重點？

　　致富心態養成計畫有很多面向，哪些面向你還會持續練習，來維持平衡的生活？

如果我有魔法棒，我要讓每個人都享有心理諮商服務

美國有將近一半的人，有心理問題或濫用物質，卻沒有獲得適當的治療，可能是礙於意識不足、社會汙名、成本高昂或距離遙遠。我心目中完美的世界，每一所學校都要有心理健康課程，每一家公司行號都要有心理保健計畫，透過精神健康急救（*Mental Health First Aid*，*https://www.mentalhealthfirstaid.org/*）之類的方案，提升大家對心理健康的意識。每個人都可以成為心理健康的倡導者，放下汙名，養成做心理諮商的習慣，事先做好預防，還有廣設心理保健服務。

我是心理師，很鼓勵大家去做心理治療。做心理治療，就像請了個人教練，來鍛鍊自己的情緒、人際關係和事業，同時改善心理健康和人生表現。我的個案泰德過著幸福和成功的人生，他在公司當主管一帆風順，跟老婆和三個小孩的關係也十分融洽，有定時運動的習慣，也有完整的社交生活，財務狀態也十分健全。每當有人問他是怎麼辦到的，他總是謙虛的說：「我有一個優秀的心理師。」泰德太謙虛了，但我可不是謙虛的人。過去十年來，泰德介紹給我的個案，總共有五十幾個人，包括他的朋友和同事，因為他逢人就說，心理治療對他大有幫助，讓他在工作和生活中，都實現了最美好的自我。

　　心理治療也是預防保健，就像大家會定期看牙醫預防蛀牙。你能夠想像自己不刷牙、不用牙線、不看牙醫，牙齒會變得什麼樣子嗎？（嗯！）同樣的，心理健康也需要同樣的關照。做心理諮商，可以趁早消滅心理健康問題，以免問題惡化，或者達到事先預防的效果，就好比心理的牙線！

如何搜尋自己負擔得起的諮商師

- 醫療保險可能會給付心理保健服務，根據美國《心理健康平權法案》（*Mental Health Parity Act*），心理保健服務跟醫療服務，都應該列入保險的給付範圍。如果你有投保首選醫療組織（*preferred provider organization*，PPO），從這些心理機構當中挑選，自付費用會降低不少。聯絡你的保險公司，查清楚自付費用，再選擇保險有給付的醫生和醫院。*Psychology Today* 之類的網站，也會幫助你選擇合適的諮商師。如果你有醫療儲蓄帳戶或醫療保險的彈性消費帳戶，不妨善用稅前資金，來支付共付額或共同承擔額。

　編註：臺灣曾有提議將心理諮商及心理治療納入健保，但目前尚未實施。台灣多家保險業者都有協助保戶預約心理諮商的服務，如：台灣人壽、南山人壽、康健人壽、保誠人壽……詳情請參考各人壽官網。

- 你的公司（或者你配偶的公司）可能有設置員工協助方案（EAP），美國大多數企業都有為員工和家屬提供這樣的福利，針對每項心理問題，每年每人可免費享有一至八次心理

諮商服務，還有其他資源，以及轉介到其他服務，例如法律援助或金援、兒童或老人照護等。就算免費療程結束了，你還是可以繼續找治療師諮商。查詢你的保險卡，或者聯絡人資部門，確認你有沒有這項福利。

- 如果你沒有保險，有一些諮商服務採用滑動費率，會依照患者的經濟狀況收費，或者提供免費的公益服務，例如社區心理保健中心（*Counseling and Mental Health Center*，*CMHC*）、社福機構、治療師培訓中心、一些私人診所。前往 *Findahealthcenter.hrsa.gov*，查詢你附近的社區心理保健中心。

- 遠距看診也是另一個選項，醫療保險通常有給付（請跟保險公司確認），一定要選擇有執照的心理保健人員，採用符合《健康保險流通與責任法案》（The Health Insurance Portability and Accountability Act，*HIPAA*）的視訊平台。

- 學校也有設置輔導老師，免費為學生提供諮商服務，如果你本身是學生，或者你的孩子需要這類服務，試著跟學校聯繫。

- 有些心理諮商師專攻金錢治療，可以改變個案對金錢的想法、感受和行為，前往「*financialtherapyassociation.org*」搜尋更多資料。

如果不考慮或不打算接受治療，仍有其他方法可以提升覺知，幫助你照顧好心理健康。下載 Daylio 之類的程式，可以追蹤自己的心情，還有運動、睡眠、營養和社交等。你會更清楚心情跟經期或營養之間的關係，才知道該從何下手[13]。善用免費的評估工具，在 Psychology Today 和 Psych Central 的網站都找得到[14]，可以評估你的自尊水平，以及你是否有注意力缺乏症候群（ADD）或憂鬱症。寫日誌或從事藝術創作，一來淨化情緒，二來有助於內省和覺察。

執行十二步驟康復計畫，提升自我覺察，讓你有力量去克服難關。你可以找到很多現成的群組或團體，例如關係成癮匿名會、戒酒匿名會、債務纏身者匿名會、性愛成癮者匿名會，參加這些聚會都是免費的，也有線上形式的聚會。詢問朋友和所愛之人的意見，聽聽看他們如何看待你的心理問題，鼓勵他們把心中的疑慮說出來。諮詢你的家庭醫師或醫療專家，提起你擔憂的心理問題，說不定他們會找到潛在的病因，如甲狀腺出問題、荷爾蒙失調或維生素不足。

關於作者

喬伊絲・瑪特（Joyce Marter）當了二十多年臨床心理師，專長有自尊、正念、事業發展、金錢心理學，創立了安美城心（Urban Balance），她擔任董事長和執行長那十三年，跟保險公司密切合作，旗下心理師超過一百位。她除了經營諮商所，也是西北大學家庭研究所的兼任教授，用心輔導並督導實習心理師。她獲頒榮譽文學學士，取得俄亥俄州立大學心理學主修和西班牙文副修學位，以及西北大學諮商心理學碩士學位。

喬伊絲加入美國國家專業講者協會（National Speakers Association），不僅是聞名全國的專題演說家，也是企業培訓教練，服務《財星》美國 500 強企業、大學、專業機構。她為數個網站撰寫文章，包括 Psych Central、Spirituality & Health 和 HuffPost，經常被大家引用。喬伊絲常以諮商專家的身分，現身各大媒體，也曾經登上《華爾街日報》、《美國新聞與世界報

導》雜誌、CNN 頻道、《Real Simple》雜誌和 MTV 頻道。曾獲頒二〇〇八年西北大學家庭研究所的「年度傑出校友」、二〇一〇年《科恩芝加哥商報》「40 Under 40 菁英領袖」、二〇一七年伊利諾州心理保健諮商學會「卓越領袖主席獎」、二〇二〇年伊利諾州諮商學會「卓越領袖 Robert J. Needle 獎」。

　　她一直在喚起大家的心理保健意識，促進心理諮商服務普及。她志願參與數個心理諮商團體，曾任美國諮商學會中西部地區主席、伊利諾州諮商學會主席、伊利諾州心理保健諮商學會兩屆主席。她主張財務健全和心理健康並重，強調生活和工作的平衡。為了做得更澈底，她開始接受瑜伽的療癒，取得美國瑜伽聯盟的認證，二〇一九年在瑜伽教室完成阿斯坦加瑜伽師資培訓（沒錯，就是她最初學瑜伽的地方！）

　　喬伊絲住在伊諾諾州的艾凡斯頓，還有佛羅里達州的珊瑚角，跟丈夫傑森‧梅洛茲克同住，傑森也是一位諮商師，同時也是教授，兩人和孩子們一起過著美滿的生活。她希望未來有一天可以養幾隻草泥馬，因為她看著草泥馬，就覺得好開心。對喬伊絲來說，人生是一場大冒險。她喜歡跟老公和親朋好友一起旅行，坐雲霄飛車、玩飛索、跳傘和騎馬，都是她最喜歡的冒險活動。

可以透過下列網站，聯絡到喬伊絲：

- joyce-marter.com
- urbanbalance.com
- refreshmentalhealth.com
- LinkedIn: Joyce Marter
- YouTube: Joyce Marter Licensed Therapist & National Speaker
- Pinterest: Joyce Marter
- Twitter: @Joyce_Marter
- Instagram: Joyce.Marter
- Facebook: Joyce Marter, LCPC

國家圖書館出版品預行編目(CIP)資料

讓錢自動滾進來的致富筆記：億萬富豪心理師教你開啟財富大
門的12個關鍵/喬伊絲.瑪特(Joyce Marter)著；謝明珊翻譯. -- 初
版. -- 新北市：大樹林出版社, 2023.04
　面；　公分. -- (心裡話；16)
譯自：The financial mindset fix : a mental fitness program for
an abundant life
ISBN 978-626-97115-0-5(平裝)

1.CST: 個人理財 2.CST: 財富 3.CST: 成功法

563　　　　　　　　　　　　　　　　112001022

大樹林學院
www.gwclass.com

系列／心裡話16

讓錢自動滾進來的致富筆記
億萬富豪心理師教你開啟財富大門的12 個關鍵
THE FINANCIAL MINDSET FIX: A Mental Fitness Program for
an Abundant Life

大樹林出版社—官網

作　　　者／喬伊絲・瑪特（Joyce Marter）
翻　　　譯／謝明珊
總 編 輯／彭文富
主　　　編／黃懿慧
編　　　輯／黃懿慧、賴妤榛
校　　　對／楊心怡
封面設計／木木Lin
內文排版／菩薩蠻數位文化有限公司
出 版 者／大樹林出版社
營業地址／23357 新北市中和區中山路 2 段 530 號 6 樓之 1
通訊地址／23586 新北市中和區中正路 872 號 6 樓之 2
電　　　話／(02) 2222-7270　　　傳　　　真／(02) 2222-1270
官　　　網／www.gwclass.com
E - m a i l ／notime.chung@msa.hinet.net
Facebook／www.facebook.com/bigtreebook
發 行 人／彭文富
劃撥帳號／18746459　戶名／大樹林出版社
總 經 銷／知遠文化事業有限公司
地　　　址／新北市深坑區北深路 3 段 155 巷 25 號 5 樓
電　　　話／02-2664-8800　　　傳　　　真／02-2664-8801
初　　　版／2023年04月

大樹林学苑—微信

課程與商品諮詢

大樹林學院 —LINE

預購及優惠

定價　台幣／450元　港幣／150元　　ISBN／978-626-97115-0-5

回函抽獎

掃描QRcode，填妥線上回函完整資料，即有機會獲得——
「STORYLEATHER 大甲鎮瀾宮聚財兔」乙份（市價988元）

★ 中獎名額：共2名。

★ 活動日期：即日起～2023年07月07日。

★ 公布日期：2023年07月10日會以E-mail通知中獎者。中獎者需於7日內以 E-mail回覆您的購書憑證照片（訂單截圖或發票）方能獲得獎品。逾時則 視同放棄。

★ 一人可抽獎一次。本活動限台灣本島及澎湖、金門、馬祖。

★ 追蹤大樹林臉書，搜尋：@ bigtreebook，獲得優惠訊息及新書書訊。

若您欲索取本書英文版〈參考書目〉電子檔請於線上回函選項中勾選。

STORYLEATHER 大甲鎮瀾宮聯名開運商品——聚財兔

贈品說明

「聚財兔」嘴咬財富，讓您兔年錢財咬不停！ 聚財兔為純黃銅實心打造，精工拋光製成，實 重約80g。「一桶金」純黃銅製成，實重約 30g，另再附20顆小元寶放入一桶金，讓大家 兔年大豐收，財富咬不完，「聚財兔」+「一 桶金」可放置再加碼送的紅色聚財墊上，讓大 家兔年強運不斷，強補財庫。

使用方法： 放置家中財庫位置，主要訴求招財。

注意事項： 請願時效無時效，可永久使用